Blickpunkt

Spaziergang durch eine kleine Stadt

Fotografien von Stephan Erfurt und Texte von Rainer Blankenburg

Hackesche Höfe

Jaron

IMPRESSUM

1. Auflage 1997

Herausgeber: NR Projektbetreuung, Berlin

Umschlaggestaltung: Anja Dau unter Verwendung zweier Fotos von Stephan Erfurt

Gestaltung und Satz: Anja Dau

Lithographie: Repro Schneider, Leipzig

Druck und Bindung: Thomasdruck, Leipzig

ISBN 3-932202-20-1

Einführung

Aufbruch ins 20. Jahrhundert

Die Suche nach dem Genius loci

Altes Haus und neue Mischung

Ausblick

Foto-Essay von Stephan Erfurt

Führung in französischer und englischer Sprache

INHALT

PROLOG

Als Berlin nach der Jahrhundertwende zur europäischen Metropole wurde, entstand am Rande der City mit ihren Regierungsbauten und Kaufhäusern ein Hofgeflecht, das Geschäftssitze, Kleingewerbe, Gastronomie, Kultur und innerstädtisches Wohnen miteinander verband. Gegen die wilhelminische Stuckfassade zum Hackeschen Markt – 500 Meter vom Stadtschloß entfernt – suchte August Endell seine Idee von der „Schönheit der großen Stadt" zu verwirklichen, in der sich Individualität und Vielfalt zu einem organischen, klar gegliederten Ganzen zusammenfügten. In dem so entstandenen Festsaal gründeten junge deutsch-jüdische Intellektuelle – unter ihnen der 1942 ermordete Dichter Jakob van Hoddis – 1909 den expressionistischen Neuen Club als Gegenöffentlichkeit zur geistigen Enge des Kaiserreiches.

Als die Wirtschaftskrise der „goldenen 20er Jahre" in die faschistische Diktatur mündete, endete auch die Nutzungsvielfalt und begannen die Eingriffe in die Bausubstanz. Von den jüdischen Bewohnern und Gewerbetreibenden lebte und arbeitete 1943 keiner mehr in den Hackeschen Höfen, 140 wurden ermordet. Auch der Krieg hinterließ seine Schäden am Gebäude. 1961 wurde der Stuck am Vorderhaus „aus Sicherheitsgründen" abgeschlagen. Ein Verputzen der Endellschen Klinkerfassade konnte durch die damalige Hausgemeinschaft noch verhindert werden.

Als Berlin nach 1989 wieder zu einer Stadt zusammenzuwachsen begann, engagierten sich Bürger und Nutzer in der Gesellschaft Hackesche Höfe e. V. gegen die weitere fahrlässige Zerstörung des seit 1977 denkmalgeschützten Areals.

Sie erkundeten seine Geschichte und begannen nach 60jährigen Fehlnutzungen, für eine zeitgemäße Wiederbelebung der Mischung von Gewerbe, Wohnen und Kultur zu arbeiten. Mit kulturellen Zwischennutzungen begegneten sie dem Leerstand und stellten so die Möglichkeiten und die Innovationskraft des Ortes unter Beweis.

Während der Aufbau der deutschen Hauptstadt sich noch in Architektur- und Abrißdebatten erschöpfte, planten in den Hackeschen Höfen bereits Bauherren, Behörden, Bewohner und Gewerbetreibende gemeinsam die künftige Nutzungsstruktur und Sanierung. Daß dies Erneuerung von Grund auf bedeuten würde, Rekonstruktion und Modernisierung der Höfe vom Fundament über die Technik bis unter den Dachstuhl – und dies alles bei Aufrechterhaltung des Gewerbebetriebes und der Bewohnbarkeit der Höfe –, das war damals den wenigsten klar. Heute gilt diese kooperative Planung als beispielhaft.

Nach aufwendiger Sicherung hat Endells Jugendstilfassade inzwischen ihre ursprüngliche Schönheit zurückerhalten. Zum Hackeschen Markt hin präsentieren die Höfe ihr neues Antlitz. Die Erinnerung an Lärm und Schmutz, an Terminverzögerungen, Kostenerhöhungen und abgeschreckte Kunden verblaßt hinter dem Ansturm der Besucher, die hier ein authentisches, das heißt bewahrtes und in zeitgemäßer Form lebendiges Stück Berlin entdecken und genießen wollen.

Dieses Buch will zu solch aufmerksamer Entdeckung beitragen, will den ersten optischen Eindruck um einige Facetten bereichern: um Vorgeschichte, Hintergründe und Perspektiven der Hackeschen Höfe, die dem Besucher auf den ersten Blick nicht zugänglich sind.

VOR-STADT-GESCHICHTE

Zehn Jahre nach dem Dreißigjährigen Krieg – in dem die Einwohnerzahl Berlins bis 1640 auf 6000 halbiert wurde – ließ der „Große Kurfürst“ Friedrich Wilhelm einen stark bewehrten Festungsring um die Stadt bauen. Das nach Plänen des holländischen Festungsingenieurs Memhard errichtete System aus Wällen, Mauern und Gräben verlief im Osten und Norden etwa dort, wo 1882 der S-Bahn-Viadukt errichtet wurde. Bald schon wuchs die Stadt über jenen Ring hinaus, und so entstand vor dem nach Spandau führenden Festungstor eine neue Vorstadt. Hier fand die unkoordinierte bürgerliche Besiedelung statt – im Unterschied zum eher feudal geprägten, architektonisch streng geplanten Viertel der Friedrich-Wilhelm-Stadt (rund um den Gendarmenmarkt).
Zwei- und später dreistöckige Häuser im bescheidenen bürgerlichen Barockstil wuchsen an den Straßen nach Spandau, Hamburg und Schönhausen. Hier war zunächst traditionelle verarbeitende und versorgende Produktion zu Hause. (Der Name Weinmeisterstraße zeugt heute noch davon. Das Schloß Monbijou entstand an der Stelle einer vormaligen Meierei.) Im 18. Jahrhundert wurde sie von Händlern, Handwerkern (Bäckern, Schlächtern, Kürschnern, Seidenmanufakturen und Baugewerken) abgelöst.
1672 erließ der Kurfürst die Feuerordnung, nach der die Scheunen für Heu und Stroh wegen der hohen Brandlast vor dem Spandauer Tor errichtet werden mußten. Im gleichen Jahr wurde hinter den östlichen Grundstücken der Großen Hamburger Straße der Begräbnisplatz angelegt für die anderenorts vertriebenen, in Berlin offiziell aufgenommenen reichen jüdischen Familien. Dicht daneben entstand 1712 die protestantische Vorstadtkirche als Stiftung der am Hof wenig beliebten vierten Ehefrau von Friedrich I., der Mecklenburgischen Fürstentochter Sophie Charlotte. Gut 100 Jahre später, als die schlichte Saalkirche längst um den barocken Turm und die Empore ergänzt worden war, entstand ihr gegenüber das katholische Hospital. Diese Tradition der religiösen, kulturellen und gewerblichen Toleranzmeile wird künftig wieder bedeutsam, da die deutsche Hauptstadt wieder einer der bedeutendsten Berüh-rungspunkte der europäischen Kulturen zu werden beginnt.
1705 ließ Friedrich I. das vergrößerte Stadtgebiet mit einer Palisade umgeben und an den Toren dieser Accise-Mauer Steuern auf alle in Berlin verkauften Waren erheben, die zeitweise zehn Prozent der Staatseinnahmen erbrachten. Bis zur Mitte des 18. Jahrhunderts behinderte die Festungsanlage die Stadtentwicklung so sehr, daß der damalige Stadtkommandant Graf von Haake anstelle des Spandauer Tors einen Marktplatz und einige Nebenstraßen anlegen ließ.
Die industrielle Entwicklung Berlins fand vor den durch Gontard und Unger gestalteten Toren der Spandauer Vorstadt statt. Entlang der Oranienburger Chaussee entstand das „Feuerland von Berlin“ genannte Maschinenbauviertel der Firmen Borsig und Egells. Die Bevölkerungsexplosion im letzten Drittel des 19. Jahrhunderts führte zur Verstädterung auch des Oranienburger und des Spandauer Viertels, das mit über 70 000 Menschen eine selbst für Berlin extreme Bevölkerungsdichte erreichte. Der planmäßige Ausbau der Millionenmetropole durch die bekannten Mietkasernen mit ihren bis zu sechs Hinterhöfen erfolgte allerdings weiter nördlich, im Prenzlauer Berg und im Wedding.
Erst zu Beginn des 20. Jahrhunderts, als die Randwanderung der Industrie vollzogen war und Berlin seine City im modernen Sinn ausbildete, kehrte die Stadtentwicklung in die ehemalige Vorstadt, die zur Innenstadt geworden war, zurück. Die Nutzungsverdichtung integrierte dabei die traditionellen wie auch die modernen Funktionen dieses citynahen Gebietes, was man an den 1906 gebauten Hackeschen Höfen mit ihrer architektonischen und funktionalen Mischung besonders deutlich erkennen kann.
1859 hatte der Kaufmann, Hoflieferant und Glasfabrikant Hans Quilitz das Flurstück Rosenthaler Straße 40 erworben. Er ließ ein dreigeschossiges Vorderhaus mit zwei Seitenflügeln errichten. Auf dem sich anschlie-

ßenden weiten Hofgelände gab es eine Badeanstalt, ein Maschinenhaus mit Gasmotoren und ein Gewächshaus. Um die Jahrhundertwende waren hier schon dreißig Gewerbebetriebe ansässig, in unmittelbarer Nähe von engen Wohnquartieren, Einkaufszentrum und Regierungsviertel.

1905 kauften die Quilitzschen Erben die Grundstücke Rosenthaler Straße 41 und Sophienstraße 6 dazu und bestellten den Häuserschlächter, um eine übergreifende Neubebauung und profitable Bewirtschaftung realisieren zu können. Am 15. Mai 1905 bestätigt der Unternehmer Albrecht Noack dem Reichsbauamt den ordnungsgemäßen Abschluß der Abbrucharbeiten. Mit der Ausführung des Neubaus wurde Kurt Berndt – ein begeisterter Anhänger des Jugendstils – beauftragt. Seine seit 1887 bestehende Baugesellschaft war eine der renommiertesten in Berlin; sie konnte auf eine beachtliche Zahl größerer Bauprojekte – von Fabrikhallen über Wohn- und Bürohäusern bis zu Hotels und Vergnügungsstätten – verweisen und hatte 1892 bereits die neobarocken Gestaltungen in der Sophienkirche vorgenommen. Unter Berndts Regie entwarfen die Architekten Reyscher und Höninger auf 9000 Quadratmetern Grundfläche ein Geflecht von acht Höfen mit Geschäftshäusern zum Hackeschen Markt und zur Sophienstraße, mit Gastronomie und Läden im Erdgeschoß, einem Festsaalgebäude, einer Stockwerksfabrik und dazwischen liegenden Wohngebäuden, die an den jüdischen Friedhof und den Sophienkirchhof anschlossen und im Erdgeschoß Gewerbeflächen enthielten.

DIE SCHÖNHEIT DER GROSSEN STADT

Auszüge aus Endells Schrift von 1908

Wir bewundern staunend die Städte der Vergangenheit. Babylon, Theben, Athen, Rom, Bagdad: Sie alle liegen in Trümmern, und keine noch so geschäftig starke Phantasie vermag sie wieder aufzubauen; aber unsere Städte leben, sie umgeben uns mit der ganzen Macht der Gegenwart, des Daseins, des Heuteseins. Und gegen ihre bunte Unendlichkeit ist alle Überlieferung, sind auch die kostbarsten Trümmer tot, gespenstig und arm. Unsere Städte sind uns so unerschöpflich wie das Leben selbst, sie sind uns Heimat, weil sie täglich in tausend Stimmen zu uns reden ...

Freilich in einem sind sie mit den alten Städten verglichen arm, sie haben keine Form, keine Gestaltung. Die Straßen sind breiter geworden, die Häuser höher und umfangreicher, aber man hat die rohe wirtschaftlich-technisch notwendige Form nicht lebendig zu machen verstanden. Zwischen Haus und Straße findet sich kein Zusammenhang. So bedauerlich das ist, es kann nicht wundernehmen, wenn man bedenkt, daß in den letzten Jahrzehnten Technik, Industrie, Handel alle Kräfte der schöpferisch Begabten aufgesogen haben, und daß erst heute, wo das Neuschaffen auf jenen Gebieten etwas zur Ruhe kommt, auch für die künstlerische Gestaltung Kräfte frei werden, die langsam beginnen, das bewußt zu gestalten, was bis dahin Zufall und blinde Notwendigkeit achtlos und ohne Liebe gehäuft hatten.

Um so schöner aber ist die Stadt als Arbeitswesen, als arbeitendes Gebilde ... Wieviel Arbeitsschönheit bergen die Werkstätten und Fabriken einer Stadt. Wieviel klug ersonnene Handgriffe, Apparate und Maschinen, wie sinnvoll greifen die Arbeitsarten ineinander. Welch eine Fülle von Einbildungskraft, Phantasie, Klugheit und Konsequenz überall. Wen der wüste Lärm einer benachbarten Fabrik stört, der gehe doch einmal hinüber und lasse sich die Arbeitsstadien zeigen, die Maschinen erklären; er wird staunen über dies wunderbare Gedankengebilde, das dort unter Lärm, Staub und Schmutz sich verbirgt, und der Lärm wird für ihn einen

Sinn bekommen; er wird die Stimmen der Maschinen scheiden lernen, das wüste Geräusch wird eine Sprache werden.
Und vielleicht sind diese technischen Gebilde noch nicht das Großartigste, das das Arbeitsleben einer Stadt birgt. Das Zusammenwohnen vieler Menschen bringt mit Notwendigkeit tausend ordnende Organisationen hervor. Ihr Aufbau, ihre Konstruktion, ihr Arbeitsgang, ihre Buchführung, ihr Kontrollsystem sind merkwürdig genug. Man könnte sie mit Kristallformen vergleichen, so reinlich sauber, konsequent und durchsichtig ist ihre Form gebildet ... Noch verzweigter, reicher sind die Organisationen des Staates und der Städte. Freilich empfindet man sie gewöhnlich nur als lästige Übel, und da diese Organisationen so unendlich weitläufig sind, ist nur wenigen der Überblick gegeben, und auch denen kommen nicht immer die Schönheiten der Formen zum Bewußtsein ...
Zu dieser verborgenen Schönheit, die nicht zu den Sinnen spricht, die nur dem zugänglich ist, der mit seinem Vorstellen, seiner denkenden Einbildungskraft den Arbeitsgebilden fühlend nachgeht, gesellt sich als zweite die Schönheit der Stadt als Natur.
Es ist so wunderlich: Das Krächzen der Raben, das Wehen der Winde, das Brausen der See scheint poetisch, scheint großartig und edel. Aber die Geräusche der Stadt scheinen nicht einmal der Aufmerksamkeit würdig, und doch bilden schon sie allein eine merkwürdige Welt, die auch dem Blinden die Stadt als ein reich gegliedertes Wesen erscheinen lassen muß. Man muß nur einmal hinhören und den Stimmen der Stadt lauschen ... Diese Geräusche sind uns vertraut wie alte Bekannte. Oft freilich allzu laut, betäubend in nächster Nähe. Aber fast immer schön, wenn sie sich entfernen und allmählich leiser werdend in der Ferne verklingen. Wie vielfältig sind die Stimmen der Automobile, ihr Sausen beim Herannahen, der Schrei der Hupen, und dann, allmählich hörbar werdend, der Rhythmus der Zylinderschläge, bald rauschend, bald grob stoßend, bald fein in klarem Takte, metallisch klingend. Und schließlich ganz in der Nähe die Sirenentöne der Räder, deren Speichen die Luft schlagen, und das leise rutschende Knirschen der Gummireifen. Wie heimlich klingt das tiefe Summen der Transformatoren, die in den Anschlagsäulen verborgen, mit kaum hörbaren Tönen uns berühren, wie ein Hund leise seinen Herrn mit dem Kopfe von hinten berührt. Wie wundervoll braust der satte, dunkle Ton einer Trambahn in voller Fahrt, rhythmisch gegliedert durch das schwere Stampfen des Wagens, dann allmählich hineinklingend das harte Schlagen auf den Schienen, das Klirren des Räderwerkes, das Schlirren der Rolle und das lang nachzitternde Zischen des Zuführungsdrahtes. Stundenlang kann man durch die Stadt wandern und ihren leisen und lauten Stimmen zuhören, in der Stille einsamer Gegenden und dem Tosen geschäftiger Straßen ein viel verschlungenes seltsames Leben spüren. Es fehlen die Worte, den Reiz all dieser Dinge zu sagen.
Ist so die große Stadt schon dem Hörenden ein bewegtes, reich gegliedertes Wesen, so schenkt sie unerschöpflich dem Sehenden, die Stadt als Landschaft, als buntes, ewig wechselndes Bild gibt einen Reichtum, eine Fülle ... Und wenn das heute den wenigsten fühlbar ist, so liegt das einfach daran, daß wir Menschen uns den Zugang zu jedem Genuß erst erkämpfen müssen, daß alle Schönheit, die wir kennen, erst allmählich im Laufe der Jahrtausende gefunden wurde und so langsam ein unverlierbares Kulturgut geworden ist. Unsere großen Städte sind noch so jung, daß Ihre Schönheit erst jetzt entdeckt wird. Und wie jedes Kulturgut, jede neue Schönheit zunächst befremdet ... so auch hier. Die Zeit, die die riesenhafte Vergrößerung der Städte hervorbrachte, gebar auch die Dichter und Maler, die ihre Schönheit zu empfinden begannen, und aus dieser Schönheit ihre Werke aufbauten.

INTENTION UND GESTALTUNG

August Endell

Als August Endell im Frühjahr 1905 von Kurt Berndt den Auftrag erhielt, Entwürfe für eine Fassade des ersten Hackeschen Hofes zu zeichnen, war seine Vision von der „Schönheit der großen Stadt" zwar noch nicht veröffentlicht, gewiß aber schon Grundlage seines Schaffens. Der 1871 geborene Sohn eines Berliner Oberbaudirektors hatte während seines Tübinger Studiums der Philosophie und Mathematik die dort beheimatete Einfühlungsästhetik kennengelernt. Ihren wahrnehmungspsychologischen Zugang zur Wirklichkeit vertiefte er nach seiner Übersiedlung in München durch Vorlesungen bei Theodor Lipps. In einer Zeit, da Deutschland den Anschluß an das Niveau der westeuropäischen Industrienationen fand, suchte er – wie zunächst viele Künstler seiner naturalistischen Generation – jene ideellen Grundlagen nicht verklärend gegen, sondern „durch die Praxis" (Walter Curt Behrendt) weiterzuführen. In München hatte seine Gestaltung des Foto-Atelier Elvira (1896/97) mit einem frei assoziierten – später würde man sagen: abstrakten – Ornament für erhebliches Aufsehen gesorgt. Der Berliner Geheime Baurat Otzen verglich noch 1901 den Individualismus in der Architektur unter Bezugnahme auf Endells Gestaltung und die ganze sezessionistische Strömung mit dem „Dynamit der Anarchisten". In Berlin wurden Endells Gestaltungen zwar aus diesem Grund von der Fachpresse reflektiert, die Aufträge aber beschränkten sich weiter auf die „Dekorierung bereits vorgegebener Strukturen" (Schirren), vor allem, wo sie an Kultur- und Vergnügungsstätten als Signal freier Sinne wirken sollten. Nach Ernst von Wolzogens Überbrettl „Das Bunte Theater" (1901) gestaltete Endell die Trabrennbahn Mariendorf, den Schuhsalon Salamander und später auch das Haus am Steinplatz. Betrachtet man den ersten Hackeschen Hof mit seinen Restaurants und Festsälen samt repräsentativem Treppenaufgang einmal leidenschaftslos mit dem Blick eines Bauherrn und kühlen Rechners, so fungiert Endells Gestaltung damals wie heute zunächst als Aushängeschild einer Vergnügungsstätte. Daß Endell hingegen mit seinen farbigen Klinkern mehr schuf als ein einprägsames Ornament, spürt der Betrachter beim ersten Anblick. Wer sich darüber hinaus die Ruhe nimmt – auf deren künstlerische Kraft Endell nach den „Jahrzehnten der Technik und Industrie" so große Hoffnung setzte –, wird auch sein Bemühen wahrnehmen, der inneren Struktur eines großstädtischen Gebildes wie den Hackeschen Höfen die adäquate Form und Faßlichkeit zu verleihen. Endells Bestreben war es, Freiraum für Individualität und Vielfalt in einem kleinteiligen, klar gegliederten, überschaubaren Ganzen zu schaffen und so die Poesie oder „Schönheit der großen Stadt" hervorzuzaubern. Sichtbar wird das in der klaren Gliederung von Geschäftshaus, Treppenaufgängen, Festsälen und gastronomisch genutzter Erdgeschoßzone oder im „Hinunterziehen des Himmels" auf die blaue, im Schatten der Morgensonne liegende Ostfassade, was dem Hof seine scheinbare Weite gibt; ebenso erkennbar wird es in dem durch springende Fensterkämpfer der süd- und nordwestlichen Seitenflügel vorbereiteten Wellenmotiv der Festsaalfassade, die – einem wallenden Theatervorhang gleich – den Eindruck eines „bewegten Raumes" (Schirren) erweckt und durch die kontrastreiche Hervorhebung der breiten Mittelpfeiler zusätzliche Raumtiefe suggeriert; oder wenn man in der Musterung der rotbraun verblendeten Treppenhäuser den nur aus der Ferne wahrnehmbaren regelmäßigen Rhythmus durcheinanderströmender Menschen zu erkennen meint, wie ihn Endells Zeitgenosse Claude Monet in seinem Gemälde „Die Kohlenträger" erstmals künstlerisch festgehalten hatte. Der Besucher der Hackeschen Höfe mag selbst entscheiden, in welchem Maße es Endell gelungen ist, sich mit seiner Methode von der Rolle als Dekorateur zur Ertragssteigerung von Immobilienkapital zu befreien, und wie sehr er es vermochte, menschliche Maßstäbe für die Gestaltung und Funktion der Großstadt durchzusetzen.

GEGENÖFFENTLICHKEIT

Jakob van Hoddis

Am 8. November 1909 lud der Neue Club in die Neumannschen Festsäle des Hackeschen Hofes. Der Neue Club, das war die erste Vereinigung des literarischen Expressionismus in Deutschland. Mehrere hundert Teilnehmer waren dem Aufruf gefolgt. Jenseits des politischen Kampfes der Sozialdemokratie entstand hier eine Gegenöffentlichkeit zur erstarrten Kultur des wilhelminischen Deutschlands.

Die Gründer waren überwiegend junge deutsch-jüdische Intellektuelle und Schriftsteller wie Kurt Hiller, Erwin Loewenson, Jakob van Hoddis oder Arthur Drey, später trat beispielsweise auch Georg Heym bei. Erwin Loewenson kritisierte die „Geniefeindlichkeit einer vorgeblich demokratischen Staatsordnung und deren konservative Tendenzen" und richtete sich im Aufruf des Neuen Club an alle diejenigen, „die in sich den Willen tragen, dieser Zeit der platzenden Belanglosigkeiten einen Schlag ins Gesicht zu setzen und als Politiker, Künstler oder Philosophen eine allgemeine Regenerationsbewegung einzuleiten".

Nach dem Naturalismus wurde der literarische Expressionismus zum wichtigsten Keim der Moderne in Deutschland. Seine Auseinandersetzung mit der Industrie- und Massengesellschaft war die Basis der alternativen Entwürfe der 20er Jahre. Der deutsche Faschismus hat diese Entwicklung abgebrochen, und viele dieser expressionistischen Ansätze blieben bis heute verschüttet.

Jakob van Hoddis gehörte zu den herausragenden Vertretern des Neuen Club. Mit einzigartiger visionärer Kraft besang er den entwurzelten Menschen der technischen Zivilisation. Er fragte nach den Möglichkeiten und Motivationen für Menschen mit Visionen. Anders als viele Intellektuelle seiner Zeit mißtraute er aber dem apokalyptischen Sprung in ein Reich der Vollkommenheit. Sein „Weltende" (1911) leitete die berühmte revolutionäre Gedichtsammlung „Menschheitsdämmerung" ein:

WELTENDE

Dem Bürger fliegt vom spitzen Kopf der Hut,
In allen Lüften hallt es wie Geschrei.
Dachdecker stürzen ab und gehn entzwei,
Und an den Küsten – liest man – steigt die Flut.

Der Sturm ist da, die wilden Meere hupfen
An Land, um dicke Dämme zu zerdrücken.
Die meisten Menschen haben einen Schnupfen.
Die Eisenbahnen fallen von den Brücken.

Von der konservativen und faschistischen Öffentlichkeit der 20er und 30er Jahre wurde Jakob van Hoddis als Asphaltliterat, Psychopath und Jude geschmäht. 1942 wurde er deportiert und in einem nationalsozialistischen Vernichtungslager ermordet.

„ ... Auf einmal flattert ein Rabe auf, ein schwarzschillernder Kopf blickt finster über die Brüstung des Lesepults. Jakob van?
Er spricht seine kurzen Verse trotzig und strotzend, die sind so blank geprägt, man könnte sie ihm stehlen. Vierreiher-Inschriften. Rundherum müßten sie an Talern geschrieben stehen in einem Sozialdichterstaat."
(Else Lasker-Schüler über Jakob van Hoddis)

AUF UND AB DES KLEINGEWERBES
Wilhelm Neumann, Ursula Stock

Bereits seit 1903 war der Weinhändler Wilhelm Neumann in der Rosenthaler Straße 36 ansässig. In den 90er Jahren des 19. Jahrhunderts hatte der Wettbewerb um die attraktivsten Geschäftslagen der Berliner Innenstadt begonnen und den Bereich um den Hackeschen Markt einbezogen, was mit hohen Investitionen und einer Verdoppelung der Bodenpreise verbunden war. So entstanden in wenigen Jahren das Warenhaus zwischen Rosenthaler und Gormannstraße, 1903 das von Alfred Messel errichtete Kaufhaus Wertheim an der Ecke Sophienstraße und 1907 die Friedrichstadtpassage (das heutige Tacheles).

Als die Quilitzschen Erben 1905 den Häuserschlächter für den Abriß der dreigeschossigen Vorgängerbebauung in der Rosenthaler Straße 40 und 41 bestellten, war Neumanns Weinladen schon so profitabel, daß er sein Geschäft erweitern konnte. Am 22. September 1906 eröffnete er die „Delikatessenhandlung mit anschließendem elegantem Weinrestaurant“ im Eingangsbereich des neu errichteten Hackeschen Hofes. Zugleich übernahm er auch die beiden durch Endell ausgestalten Festsäle im Quergebäude zwischen dem 1. und dem 2. Hof. Die zeitgenössische Kritik kam nicht umhin, mit der Würdigung des Formgestalters auf die Misere seiner Verwirklichungsmöglichkeiten zu verweisen. So sah Karl Scheffler die „ausdrucksvoll vornehme, belebt edle Form des Festsaales im peinlichen Widerspruch zu den Restaurationsmöbeln. Die Kronleuchter von phantastisch zarter Erfindung müßten sich in einem Schloß befinden ...“

Die Festsäle verdankten ihre Blüte den bei Reichsgründung erlassenen Sozialistengesetzen Bismarcks, nach denen sich nicht mehr als fünf Personen ohne Genehmigung unter freiem Himmel versammeln durften. Zwangsläufig entstand ein Bedarf an großen Sälen, die natürlich auch den Bedürfnissen des repräsentations- und vergnügungssüchtigen Bürgertums der Jahrhundertwende entsprachen, dessen Stadtwohnungen nicht mehr über die großen Salons der Gründerzeitbauten verfügten.

Daß Wilhelm Neumann mit seiner Frau und den beiden Söhnen auch gleich in eine der neuen großzügigen Wohnungen zwischen Aufgang A und B zog, lag in der Natur des Hofgeflechtes zwischen Rosenthaler und Sophienstraße. Wie überall in der bürgerlichen Spandauer Vorstadt wohnten hier die Gewerbetreibenden schon immer nahe bei ihren Geschäften oder betrieben diese gar vom Herrenzimmer aus. Im neu errichteten Hackeschen Hof wurde diese Tradition zwei- bis dreistöckiger Vorderhaus- und ergänzender Hofbebauung zum Prinzip innerstädtischer Nutzungsverdichtung und Immobilienverwertung: Hier war ein Geflecht aus Geschäfts-, Veranstaltungs-, Produktions- und Wohngebäuden entstanden mit ergänzenden und vernetzenden gastronomischen Service- sowie Ausstattungsangeboten, vorrangig im Erdgeschoß.

Ebenfalls im Vorderhaus, neben der Neumannschen Weinhandlung, war schon 1906 ein Geldinstitut – damals die Depositenkasse der Commerzbank – untergebracht, Herrenmode, Musikinstrumente im ersten Stock, darüber eine Stoffhandschuhfabrik und Joka & Co. - Pelzwaren unter dem Dach. In den Stockwerksfabriken wurden neben Damenmänteln, Wäsche, Mützen, Schuhen und Schürzen auch Kisten, Pappen, Gummi und chemische Produkte hergestellt. Mit Wein, Butter, Nährmitteln, Kaffee, Kleie, Rohseide, Kalk, Maschinen und elektrischen Ausstattungen wurde von den Hackeschen Höfen aus gehandelt. Eine Privat-Telefongesellschaft produzierte und vertrieb im 2. Hof innerbetriebliche Telefonanlagen, und im Erdgeschoß der Wohngebäude siedelten sich Service- und Handelseinrichtungen für die umliegenden Geschäftssitze an – Stempelmacher, Laden-, Kontor- und Büroeinrichtungen zum Beispiel.

Eine erste Häufung von Geschäftsaufgaben gab es bereits vor und in der Zeit des Ersten Weltkriegs. Durch die Schwäche der Nachkriegswirtschaft, die endgültige Verlagerung der City in den Westen Berlins, Inflation und Wirtschaftskrise in den 20er Jahren fand dann eine deutliche Ablösung der Kleinunternehmen durch größere Kapitalgesellschaften statt. Dies kündigte sich schon beim ersten Verkauf des Hackeschen Hofes 1920 an, dem 1924 der zweite folgte. 1920 gab auch Familie Neumann den Betrieb der Festsäle auf und übernahm die Brauerei und Ausflugsgaststätte Spandauer Bock. Der untere Festsaal wurde fortan als Lichtspieltheater betrieben, den oberen Festsaal führte A. Höpfner noch bis Ende der 20er Jahre weiter. 1927 zog die Hinz und Küster Kaffee AG in die Räume der Weinhandlung Neumann. 1930 begann der Einzug der Emil Köster AG, die das Vorderhaus zum Verwaltungssitz der DEFAKA (Deutsches Familienkaufhaus), den oberen Festsaal zur Betriebskantine und die Stockwerksfabriken zum Auslieferungslager ihrer Filialen im Berliner Raum machte. Die Zeit der kleinteiligen Nutzung und des vielfältigen Miteinander war damit entgültig vorbei.

Auch der Posamentierwarenhändler Alfred Stock, der gerade erst seine Familie gegründet hatte, war dem geschäftlichen Aufschwung in der 1,5-Millionen-Metropole Berlin, aus Ostpreußen kommend, gefolgt und nahm das Vermietungsangebot in der Vossischen Zeitung vom September 1906 an. Seine jüngere Tochter Ursula wurde 1908 in Aufgang D geboren. Sie sollte das Auf und Ab eines kleinen Großhandels in den Wirren des 20. Jahrhunderts aus der Perspektive der Hackeschen Höfe erleben. Das „gehobene Kleinbürgertum" war nach ihrer Aussage hier zu Hause. „Eine Studentin kam immer her, um mit uns Schularbeiten zu machen." Ihre Schulzeit verlebte sie in Aufgang F. Hier gab es schon ein eigenes Arbeitszimmer für die Geschäftsführung des Vaters. 1914 wurde sie eingeschult. „Wir waren neun Schülerinnen, vier Jüdinnen, vier Christinnen und eine Halbjüdin. Wir haben alle gemeinsam im Lustgarten und im Hof der Nationalgalerie gespielt. Eine ging nach Paris, eine in die Schweiz, eine über Warschau nach Neuseeland." 1927 legte sie das Abitur an der 2. städtischen Studienanstalt, dem Lyceum Ecke Weinmeisterstraße, ab. Die Abiturfeier fand noch im oberen Festsaal statt, bevor dieser zur Kantine wurde. Die Neumanns, mit deren Kindern sie im Hof gespielt hatte, zogen sich im gleichen Jahr ganz von hier zurück. „Ihr Weinkeller war wunderbar ausgebaut, das war ja unser Luftschutzkeller nachher, man ging rein Aufgang A und bis unter den Eingangshof. Ein kleiner Teil war für die jüdischen Bewohner extra, aber es gab nur diesen einen Eingang."
Ursula Stock wollte Lehrerin werden. Doch als in der Wirtschaftskrise von 1929 das Geschäft des Vaters nur mit Hilfe von Krediten holländischer Freunde gerettet werden konnte, mußte sie das Studium abbrechen. „Ich hatte immer schon geholfen und später den Bankverkehr gemacht ... Als ich 1938 das Geschäft übernahm, zogen wir nach Aufgang G. Zwei Jahre später ist Vater gestorben. Ich hatte etwas gespart. Da hab' ich alle Schulden zurückgezahlt und hab's dann bis 1951 weitergeführt. In der DDR-Wirtschaft hatte ein kleiner Großhandel dann ja keine Zukunft."

EIGENTUMSGESCHICHTE UND ENTEIGNUNGSGESCHICHTEN

Jakob Michael

Nur zehn Jahre bevor die Erben des Hoflieferanten Quilitz die dreistöckige Bebauung am Hackeschen Markt abreißen und den heutigen Hofkomplex errichten ließen, wurde in Frankfurt Jakob Michael, der Sohn eines jüdischen Weinhändlers, geboren. 20 Jahre nach jenem Baubeginn sollte er als einer der reichsten Männer Berlins auch Eigner der Hackeschen Höfe werden.
Vor Ausbruch des Ersten Weltkriegs hatte er, noch als Lehrling, den Bedarf der deutschen Rüstungsindustrie an Radium und Wolfram erkannt und sich erfolgreich das Liefermonopol gesichert. Nach dem Krieg verdiente Michael am Export von Teererzeugnissen. Während der Inflation 1923 kaufte er Beteiligungen an Versicherungs-, Hypothekenaktien und Bankhäusern und stieß sie im Moment der Stabilisierung der Reichsmark, den er durch Börsenkontakte nach New York und London frühzeitig erkannte, wieder ab. 1924 war er so zum größten Geldleiher an der Berliner Börse geworden und erwarb von den Erträgen vor allem Immobilien, darunter die Hackescher Hof Grundstücksgesellschaft, deren Eigentümer das Areal erst 1920 von den Quilitzschen Erben übernommen hatte.
Auch während der Weltwirtschaftskrise von 1929 gelang es Michael, seine Beteiligungen rechtzeitig abzustoßen, die Gewinne vor der Steuer ins Ausland zu transferieren und auch seine Immobiliengesellschaften schrittweise zu liquidieren. 1932 standen diese mehrheitlich schon unter Zwangsverwaltung. Im Falle der Hackeschen Höfe übernahm diese Aufgabe Justizrat Modersohn. Michael ging ins Ausland und übergab die Geschäfte einem Vertrauten. 1938 wurde ihm von den nationalsozialistischen Behörden die deutsche Staatsbürgerschaft aberkannt, sein Vermögen wurde dem Reiche zugeschlagen – eine Entscheidung, die nach 14 Tagen korrigiert werden mußte, denn Michael war zu diesem Zeitpunkt längst Liechtensteiner Staatsbürger. 1939 ging er in die USA. Im gleichen Jahr wurde die Zwangsvollstreckung beantragt. 1940 erhielt die Emil Köster AG den Zuschlag bei der Zwangsversteigerung und wurde Eigentümerin des Areals. Ihre Aktien besaß inzwischen zu 100 Prozent der New Yorker Rechtsanwalt Phelan Beale, ein Strohmann Jakob Michaels.
Dieser hatte ab 1926 in Warenhäuser investiert, darunter in die Emil Köster AG, einen Versandhandel vor allem für Beamte, den er zur Handelskette samt Möbelhäusern umstrukturierte. 1930 begann der Einzug der Köster AG in die Hackeschen Höfe, 1932 richtete die Defaka Beamten-Einkaufs AG im Vorderhaus ihren Hauptsitz ein und übernahm den oberen Festsaal. Nach Einzug einer Zwischendecke nutzte sie die entstandenen zwei Etagen unter der Bezeichnung Defaka Kantinengesellschaft als Betriebsspeiseräume. Schrittweise übernahm sie die Stockwerksfabriken und Dächer als Auslieferungslager für ihre Kaufhäuser im Berliner Raum.
Seit 1930 betrieb die Köster AG unter dem Namen DEFAKA 25 Kaufhäuser von Kopenhagen bis Mailand, überwiegend aber in Deutschland, und führte unter dem Kürzel BG (Betriebsgemeinschaft) ab 1938 auch das einstige Kaufhaus N. Israel. Erst bei Kriegseintritt der USA 1942 wurde die Köster AG von den Nazis unter Kuratel und nach 1945 von der Sowjetischen Militäradministration unter Sequestration gestellt. 1949 erfolgte dann die Enteignung per SMAD-Befehl auf der sogenannten Liste 3 „zur Einziehung von Vermögenswerten der Kriegsverbrecher und Naziaktivisten". Weder die sowjetischen noch die DDR-Behörden wußten allerdings, daß es gar keine deutschen Anteile an der Köster AG mehr gab, sondern nur amerikanische, also quasi alliierte.
1951 erfolgte die Grundbucheintragung „Eigentum des Volkes". Das Unternehmen hatte seinen Sitz längst über Hamburg nach Düsseldorf verlagert und wurde 1954 von Michael für 60 Millionen Mark an den Horten-Kaufhauskonzern verkauft. 1991 stellte die Erbengemeinschaft nach Jakob Michael Restitutionsantrag für die Hackeschen Höfe und zahlreiche ehemalige Liegenschaften ihres Ahnen im Zentrum Berlins. Ein

ganzes Konsortium von Investoren war in dieser Zeit des Berliner Investitionsfiebers erpicht, diese Grundstücke mit ihnen zu entwickeln.

Strittig für eine Rückübertragung der Hackeschen Höfe war nicht nur, ob Michael 1932 Deutschland verfolgungsbedingt verlassen hatte, ob also mit der Zwangsversteigerung de jure eine „Arisierung“ stattgefunden hatte (obwohl Michael de facto Eigentümer geblieben war, sich also selbst arisiert hatte). Strittig war auch, ob der Verkauf an den Hortenkonzern die damals in der DDR gelegenen Immobilien eingeschlossen hatte oder nicht. Nach dem Restitutionsbescheid des Landesamtes zur Klärung offener Vermögensfragen vom Frühjahr 1993 zugunsten der Michael-Erben erfolgte denn auch ein Einspruch der Oberfinanzdirektion als Vertreterin des Bundes, an den das Grundstück bei rechtmäßiger Zwangsversteigerung und überwiegend gewerblicher Nutzung hätte gehen müssen, und auch die Horten AG forderte ihr Recht. Der erste Einspruch war mit einem simplen Rechenexempel zu entkräften, wonach die Höfe bei Wirksamwerdung des Einigungsvertrages überwiegend durch Wohnen und Kultur genutzt waren und somit keine Bundeszuständigkeit und Klagemöglichkeit gegen den Entscheid der Landesbehörde vorlag. Der Einspruch von Horten wurde – nach Inaugenscheinnahme der denkmalsgeschützten, sanierungsbedürftigen und großteils vermieteten Immobilie – „außergerichtlich“ geklärt.

Jene Verwertungsrisiken waren auch der Grund, weshalb die Vertreter des Investorenkonsortiums kein Interesse an der Sanierung der Hackeschen Höfe zeigten, mit zwei Ausnahmen: Roland Ernst, der mittelständische Bauunternehmer aus Heidelberg, der nach der Wende zu einem der größten Projektentwickler in den neuen Bundesländern avancierte, und Dr. Rainer Behne, der mit seinem Immobilienunternehmen mittlerweile das Immobiliengeschäft der Hamburger Warburg Bank führt. Beide Unternehmer gründeten die Kommanditgesellschaft Hackesche Höfe aus ihrem Privatvermögen, da keine Bank nach der Schneider- Affäre zur Finanzierung einer Risiko-Immobilie bereit war, die nicht in das scheinbar sichere Schema eines Büroneubaus in bester Citylage paßte. So erwarben Ernst und Behne die Höfe deutlich unter den Spekulationspreisen jener Zeit mit der Verpflichtung zur kultur- und wohnverträglichen Entwicklung und denkmalsgerechten Sanierung. Wenige Wochen zuvor war die Spandauer Vorstadt per Beschluß des Abgeordnetenhauses zum Sanierungsgebiet erklärt worden.

WENDEGESCHICHTEN

Walter Nehrlich und andere

Der Direktor der IHK Berlin mahnte im Juli 1975 den Direktor der Kommunalen Wohnungsverwaltung des Stadtbezirkes Mitte im Auftrag seiner Partei- und Gewerkschaftsorganisation, die Beheizung der Rosenthaler Straße 40/41 zu gewährleisten und die Treppenreinigung sicherzustellen, da sich die Besucher bei der IHK beschwerten. Die Unterschrift Leupold, „Mitglied der Volkskammer und Stadtverordneter“, erinnert daran, welche Autoritäten aufgeboten werden mußten, um in der zentralistischen Mangelwirtschaft etwas zu bewegen. Noch im Juni 1989 bat der Direktor des VEB Kühlanlagenbau Dresden die Wohnungsverwaltung um Zustimmung dafür, Parkflächen der Höfe als Lagerraum mit einer zwei Meter hohen Abzäunung sichern zu dürfen. Die Anwort war bereits vom aufgeheizten politischen Klima jenes Sommers geprägt: Aufgrund mehrfacher Eingaben von Bewohnern und gesellschaftlichen Kräften wurden ohne Sondergenehmigungen des Magistrats keine Einschränkungen im Bereich der Wohnhöfe mehr erlaubt. 1994 wurde der Kühlanlagenbau als einer von zwei Mietern, die der Mischnutzung unverträglich waren, ausgelagert.

Im November 1989 traten die Bewohner, die gegen den weiteren Abriß des ältestesten erhaltenen innerstädtischen Wohngebietes aktiv geworden waren, erstmals als Bürgerinitiative Spandauer Vorstadt auf. In einer Vorstellung des geplanten Heizhaus-Neubaus durch

Bezirks- und Magistratsmitarbeiter setzten sie durch, daß nach wenigen Tagen der Abrißantrag für die bereits mit Sprenglöchern versehene Mulackstraße 37 zurückgezogen wurde. In Selbsthilfe retteten sie im Winter zahlreiche Häuser vor dem weiteren Verfall und erreichten 1990, daß das Viertel zum Flächendenkmal erklärt wurde.

Im gleichen Jahr wurde die Firma Furnier, die Metallgußformen herstellt, auf der Suche nach einem neuen Standort von der Kommunalen Wohnungsverwaltung in das Erdgeschoß des Brunnenhofes umgesetzt. Bis 1994 hämmerte die Stanze ab morgens sechs Uhr dort, wo heute im Wechsel Berliner und internationale Künstler ausstellen. Mit der Währungsunion waren die Mittel vorhanden, denkmalpflegerische Freveltaten schneller in Auftrag zu geben, als sie in der rechts- und verantwortungslosen Situation der Wende zu verhindern waren: In die Fassade des ehemaligen orientalischen Restaurants im Endellschen Hof wurde ein großes Stahltor eingebaut, durch das die Autos in die dahinter liegende Werkstatt fahren konnten. In die oberen Geschossen des 1. Hofes ließ eine Unternehmensberatung Verbundfenster aus Kunststoff einsetzen; sie gab ihr Geschäft auf, bevor die Rückbauforderung sie erreichte. Öl lief in Gullis. Noch 1992 mußte sich der Varietégesellschafter und Vorstand der noch jungen Gesellschaft Hackesche Höfe e.V., Reiner Grabowitz, zwischen die mit Auftrag und Schneidbrenner bewaffneten Monteure und den historischen Personenfahrstuhl im Vorderhaus stellen, bis die Mittagspause ihm Zeit gab, die Bezirksdenkmalpflegerin zu alarmieren.

1991 wurde das Staatliche Folkloretanzensemble der DDR abgewickelt, das 30 Jahre seine Probenräume in den beiden Obergeschossen des Festsaalbauteils hatte und von hier in die ganze Welt auf Tournee ging. Bemühungen um seine Rettung wurden in Bonn mit dem Hinweis abgelehnt, daß Kultur Ländersache sei. Ein Träger für gesamtdeutsche Folklore fand sich weder in den alten noch in den neuen Bundesländern 1992 wurden die Schilder der Becon-Textil GmbH wieder abgeschraubt. Erst zwei Jahre zuvor war von ihr mit dem VEB Herrenbekleidung Fortschritt auch der Betriebsteil in den Hackeschen Höfen übernommen worden, der nun als unwirtschaftlich galt. Ihn hatte Direktor Walter Nehrlich 1980 mit 200 Kollegen und zirka 40 vietnamesichen Gastarbeitern an seinen Nachfolger übergeben. Nehrlich war 1947 aus der Kriegsgefangenschaft zurückgekommen und hatte begonnen, mit seinem Bruder aus alten Nähmaschinen und alten Uniformen neue Anzüge zu fertigen. Aus dem Familienbetrieb wurde nach Angliederung anderer Betriebe, die pleite gegangen oder deren Besitzer in den Westen gegangen waren, sowie nach zwangsweiser Kreditaufnahme ein halbstaatlicher Betrieb, der 1972 schließlich in einem volkseigenen Betrieb aufging. Walter Nehrlich lebte nicht nur seit seiner Hochzeit 1938 in den Höfen, er lebte auch für sie. Mit der Hausgemeinschaftsleitung organisierte er Hoffeste zum 1. Mai oder zum „Tag der Republik“ und kümmerte sich um die älteren Bewohner. In den 50er Jahren konnte er durch vehementen Einspruch beim Bürgermeister das Abschlagen und Verputzen der teilweise lose vor der Wand hängenden Klinkerfassade im 1. Hof verhindern. Quintessenz seines Lebens, mit Blick auf die leergefegten Fabriketagen: „Wir haben den Kaiser erlebt und die Nazis und unsere DDR, und nun geht's wieder rückwärts.“ Im November 1993 starb Walter Nehrlich.

ZWISCHEN KULTURSTRATEGIEN UND SPEKULATIONSFIEBER

Lange bevor der „Aufschwung Ost" die westlichen Kapitalanleger in Spekulationsfieber versetzte und die Grundstückspreise in ostdeutschen Innenstädten hochtrieb, hatten Kulturinitiativen (wie das Tacheles) und alternative Wohnprojekte begonnen, die marode Bausubstanz der Spandauer Vorstadt für ihre Zwecke zu nutzen. Um das Studio des in Auflösung befindlichen DDR-Fernsehens im unteren Neumannschen Festsaal konkurrierte eine Kiezkino-Initiative, hinter der sich eine Westberliner Programmkinokette verbarg, mit den künftigen Betreibern des Varieté Chamäleon. Bei Unterstützungsgesuchen im ersten und letzten frei gewählten Ostberliner Magistrat wurde ihrem Verein zur Förderung der Varietékunst „AbArt" angeraten, doch ein soziokulturelles Gesamtkonzept für die Höfe zu entwickeln, womit sie sich in die vom Tacheles über den Pfefferberg bis zur Kulturbrauerei gedachte Ostberliner Kulturmeile einreihen sollten. Mit ähnlicher strategischer Intention erarbeitete das Kulturamt Mitte einen Antrag auf EG-Strukturförderung für die Höfe, um hier trotz der drohenden Mietexplosion Kulturstätten als besondere Anziehungspunkte eines Gewerbestandortes zu sichern.

Mit der Eröffnung des Chamäleon im Februar 1991 erhielt Berlin nicht nur ein neues, auf Kommunikativität setzendes Varieté. Das Viertel fand hier auch einen Ort, wo lokale Konzepte, aber auch die Grundsätze der Hauptstadtplanung öffentlich diskutiert werden konnten. Es war nicht nur die anfängliche Finanznot der Varietébetreiber, die sie – statt eines glänzenden Ausbaus – die Schönheiten des ehemaligen Festsaales vorbildhaft bewahren ließ. Ihr denkmalpflegerischer Anspruch legte im wahrsten Sinne das einzigartige historische Ambiente ihrer Shows frei und führte zu Entdeckungen zur Geschichte der Hackeschen Höfe: Unter der Treppe fanden sich nämlich neben Rechnungen und einer Danksagung des Nazi-Propagandaministers Goebbels an den offensichtlich sehr aktiven Genossen Kinobesitzer auch Hinweise auf die Zwangsverwaltung von Jakob Michaels Hackescher Hof Grundstücksgesellschaft seit 1932 durch den Justizrat Modersohn. Der Faden der Eigentumsgeschichte war damit aufgenommen.

Mit der Verabschiedung des Investitionsvorranggesetzes (das sinnvolle Betreibung statt langwieriger Klärung der Rückübereignungsfrage ermöglicht) bot sich zudem eine Möglichkeit, die Utopie von einer Betreibung der Hackeschen Höfe, die die Existenzgrundlage kultureller Einrichtungen sichert, zu verwirklichen. Deren Aktivisten schlossen sich nach historischem Vorbild in der „Gesellschaft Hackesche Höfe e.V. Verein zur Förderung urbanen Lebens" zusammen, um mit der Wohnungsbaugesellschaft als treuhänderischer Verwalterin der Hackeschen Höfe eine denkmalsgerechte Sanierung, sozial verträgliches Wohnen und einen Mindestanteil an Kultur zu wirtschaftlich vertretbaren Mieten zu sichern. 1992 begann die Koordinierungsgruppe des Vereins mit dreijährigen bau- und nutzungsgeschichtlichen Recherchen, Gesprächen mit Mietinteressenten, Entwürfen von Ausbauplanungen sowie Lobby- und Öffentlichkeitsarbeit für eine solche Mischnutzungs- und Mischfinanzierungsidee.

Die kulturelle Zwischennutzung der durch Firmen- und Institutionsschließungen zunehmend leerstehenden Gewerbeflächen in der Regie des Vereins bot nicht nur Freiräume für innovative Projekte wie der ersten BBK-Ausstellung von Künstlern aus Ost- und Westberlin, dem zweiten Teil der Filmproduktion von Wim Wenders „Himmel über Berlin", der internationalen Ausstellung von Kunst und Kultur von Prostituierten „Tempel der Lüste" oder dem Kunst- und historischen Erlebnispfad-Projekt „Umbruch – Chaos und Hoffnung". Dieser Weg der Leerstandsbeseitigung ermöglichte es auszutesten, inwiefern solch öffentlichkeitswirksame Nutzungen künftig für die Höfe in Frage kamen.

VOM ARGWOHN ZUR KOOPERATION

Die ersten Kontakte zwischen dem Verein, den Rechtsanwälten der Erben des Alteigentümers sowie dem Investorenkonsortium, das sich viel von der beantragten Rückübereignung der über 100 ehemaligen Grundstücke Jakob Michaels versprach, waren eher von Mißtrauen als von dem gemeinsamen Willen zum Aufbau der Höfe geprägt.
Die Investoren beauftragten einen ortsunkundigen Münchener Marketingspezialisten mit Nutzungskalkulationen. Er schlug nach dem allerorts gängigen Prinzip eine Shoppingpassage um ein Kaufhaus im 3. Hof als Magnet vor. Ihre Realisierung hätte mit Sicherheit den besonderen Nischencharakter und die kleinteilige Nutzungsvielfalt der Hackeschen Höfe zerstört, die deren eigentliche Anziehungskraft ausmacht. Dies begann der engagierteste Vertreter im Investorenkreis, der damalige Berliner Büroleiter der Unternehmensgruppe Roland Ernst, Dr. von Nell, nach einem halben Jahr der Auseinandersetzung mit den Höfen zu ahnen. Bestärkt wurde er dabei durch fachkundige Prominenz, die der Verein für seine urbane Mischnutzungsidee versammelte.
Seit dem Herbst 1992 bereitete die Gesellschaft Hackesche Höfe e.V. ein internationales Forum zu Mischnutzung und Mischfinanzierung unter besonderer Berücksichtigung von Kultur vor, um die anderenorts gesammelten Erfahrungen für die Höfe nutzbar zu machen. Nach vielen bilateralen Gesprächen führte das Forum erstmals alle Interessengruppen in den Hackeschen Höfen zusammen und schuf die Bereitschaft, wechselseitig Interessen und Zwänge zu berücksichtigen. Schon im Vorfeld des Forums einigten sich Investoren und Verein auf eine Kooperation zur denkmalpflegerisch, sozial und kulturell verträglichen, zeitgemäßen Wiederbelebung des Areals nach dem Mischnutzungskonzept des Vereins. Sie sollte nicht durch einen langwierigen Streit um die widersprüchlichen eigentumsrechtlichen Aspekte des Falles Michael behindert werden.
Nach dem acht Wochen später erfolgten Restitutionsentscheid des Landesamtes zur Klärung offener Vermögensfragen griffen die Investoren kräftig auf die Leistungen und Vorkenntnisse der Koordinierungsgruppe des Vereins zurück: auf Fakten zur Entkräftung des Einspruches der Oberfinanzdirektion gegen die Rückübertragungsentscheidung, auf Untersuchungen zu technischen und rechtlichen Rahmenbedingungen und auf die 30 Ordner füllenden denkmalpflegerischen Bestandsaufnahmen. Vor allem aber profitierten die neuen Eigentümer vom Konzept eines kulturell geprägten Standortmarketing und der entsprechenden Öffentlichkeitsarbeit. Als das erste Buch über „Die Hackeschen Höfe“ im Oktober 1993 nach anderthalbjähriger Vorarbeit präsentiert wurde, war seine Hauptintention – die Durchsetzung der kulturell geprägten Mischnutzungsidee – schon zur gemeinsamen Sache geworden. Als Roland Ernst und Rainer Behne schließlich vom Investorenkonsortium übrigblieben und sich für den persönlichen Kauf und die langfristige Entwicklung der Höfe entschieden, war der Zeitpunkt gekommen, an dem die Kooperation zur Durchsetzung einer Idee in die Dienstleistung zu ihrer Realisierung übergehen mußte. Mit diesem Erfahrungsvorlauf und einem zeitsparenden Konzept zur kooperativen Planung zwischen Bauherren, Behörden und Betroffenen machten sich einige Mitarbeiter der ehemaligen Koordinierungsgruppe des Vereins als Agentur für Öffentlichkeitsarbeit in der Stadtentwicklung selbständig. Schon im Januar 1994 wurde unter ihrer Moderation im Amtszimmer der Baustadträtin ein Planungsbeirat gegründet. Im Vorfeld langwieriger Baugenehmigungen und meist verspäteter Bürgerbeteiligung einigten sich in vierzehntägigen Arbeitstreffen Vertreter von Wohn-, Kultur- und Gewerbemietern, der verschiedenen Verwaltungen und der Bauherren auf das denkmalpflegerisch Notwendige und technisch Sinnvolle, auf eine wohnverträgliche, sanierungsrechtlich und wirtschaftlich akzeptable Nutzungsentwicklung und Mietstaffelung. Sie erörterten Varianten der Haustechnik, Wohnungsinstandsetzung, Hofbegrünung bis hin zur Einbeziehung von Nachbargrundstücken. Hauptdiskussionspunkt war die Wieder-

ansiedlung von produzierendem Gewerbe, für dessen Sicherung sich das Bezirksamt stark machte. Um Lärm-, Liefer- und Lagernachteile auszuschließen, wurden in den Stockwerksfabriken vor allem Filmproduktion, Neue Medien, Studios für Architekten und Konstrukteure vorgesehen. Im Erdgeschoß der Wohnhöfe wurden neben traditionellem Handwerk vorwiegend Galerien, Ateliers für Designer und Künstler geschaffen, die neben wohnverträglicher Produktion die Attraktivität der Höfe steigern und durch direkten Verkauf ihrer Produkte eine Mindestmiete erwirtschaften können. Trotz aufwendiger Instandsetzung der 1906 bereits mit Bad, Heizung und Parkett ausgestatteten Wohnungen stieg die Miete der Bestandswohnungen nur geringfügig. Eine Modernisierung erfolgte nur im individuell gewünschten und vertraglich vereinbarten Maß.
Mit dem Abschluß einer Sanierungsvereinbarung unter anderem über den Dachausbau sowie festgeschriebenen acht Prozent Galerien, Handwerk und Designproduktion sowie 15 Prozent kultureller Nutzung bei zehnjähriger Sicherung des Varieté, der Tanzprobenbühne, des Hoftheaters und der Handwerksbetriebe zu unterdurchschnittlichen Mieten war der Kulturstandort dann auch rechtlich gesichert. Zugleich war damit der Weg frei für eine zügige Sanierung und die langfristige Wertsteigerung einer durch ihre Mischung attraktiven und wirtschaftlich stabilen Markenimmobilie, die trotz zunehmender Krise schon während der Bauzeit nahezu vermietet war.

ZWISCHEN REKONSTRUKTION UND MODERNISIERUNG

Rund 60 Millionen Mark kostete die Sanierung der Hackeschen Höfe und ihr Ausbau mit modernem technischem Standard. Unter den Bedingungen des denkmalgeschützten engen Hofgeflechtes mit nur zwei – selbst vom Bauprozeß betroffenen – Eingängen, vollständig vermieteten Wohnungen und zu 75 Prozent vermieteten Gewerbeflächen galt es, diese Arbeit binnen Jahresfrist zu leisten.
Im Frühjahr 1995 betraf das den Ausbau der ehemaligen Stockwerksfabrik und die Schaffung kleinteiliger Gewerbeflächen im Erdgeschoß der Wohnhöfe. Abriß und Erneuerung der maroden Kellerdecken im 1. und 2. Hof erforderten die Verlagerung aller Zugänge durch das Gebäude. Im Sommer wurde die Heizungsanlage erneuert, und bis zum Jahresende wurden die Wohnungen instandgesetzt und nach Mieterwunsch modernisiert. Der Dachausbau im Wohn- und Gewerbebereich, die Erneuerung der Fassade zum Hackeschen Markt und die Rekonstruktion der berühmten Klinkerfassade im 1. Hof nahmen noch das ganze Jahr 1996 in Anspruch.

Sicherung der Jugendstilfassade

Wie ein wallender Theatervorhang schwebt August Endells Klinkerfassade heute wieder vor den Festsälen im Jugendstilhof. Sie war zerstört worden, als die Köster AG um 1930 den oberen Saal durch Einzug einer Zwischendecke in eine zweigeschossige Betriebskantine verwandelte und im April 1945 der einzige Bombentreffer in den Hackeschen Höfen das 4. Geschoß über dem zweiläufigen repräsentativen Treppenhaus im 1. Hof links wegriß. Auch die Hoffassade zum Hackeschen Markt erweitert wieder das Blau der Hofschlucht über gotisch anmutenden Bögen in den „Himmel über Berlin". Sie mußte ebenso gesichert werden wie die rotbraun verblendeten Treppenhäuser. Deren Musterung wirkt so wie im Gemälde „Kohlenträger" von Endells Zeitgenossen Claude Monet, als

nähme man aus weiter Ferne den regelmäßigen Rhythmus scheinbar durcheinanderströmender Menschen wahr.
Über weite Teile hing dieser einzigartige Ausdruck von Endells Architekturidee einer „Schönheit der großen Stadt" hohl vor dem Baukörper des Hofes. Die Firma DWUZET mußte nach einem eigens entwickelten Verfahren in mühsamer Kleinarbeit ins Mauerwerk reichende Sicherungsklinker setzen, um beim quadratmeterweisen Einspritzen eines Bindemörtels durch die Fugen zwischen den glasierten Steinen deren Absprengen zu verhindern. Nahezu kosmetisch wurden Einschußlöcher und andere kleine Schäden Stein für Stein ausgebessert oder bei zerstörten Flächen erneuert. Über Monate mußte zuvor die Formziegelfirma GOLEM aus Sieversdorf analysieren und experimentieren, um die dem historischen Vorbild entsprechende Zusammensetzung der Ziegel und Farbglasuren sowie die richtigen Brenntemperaturen herauszufinden und im heutigen Gasofen die gleiche Leuchtkraft der Klinker zu erzielen wie 1906.
Die Untere und die Landesdenkmalschutzbehörde erwiesen sich dabei gleichermaßen als hilfreiche Berater wie strenge Gutachter. Das Ergebnis gibt ihrer Entscheidung recht. Das wesentlich kostengünstigere Abnehmen und Neuvermauern der farbigen Steine hätte nie wieder die ursprüngliche Fassade ergeben. Nur durch die gemeinsamen Anstrengungen konnte das Baudenkmal der frühen Moderne gesichert werden, das schon damals in Kontrast zur wilhelminischen Stuckfassade des Vorderhauses nur 500 Meter vom Stadtschloß entfernt stand.

Der Kleine Festsaal

Die denkmalpflegerische Besonderheit des Kleinen Festsaals im Erdgeschoß des 1. Hofes – im Volksmund Hochzeitssaal genannt – besteht in der Überformung der bauzeitlichen Gestaltung von August Endell während der Wirtschaftskrise der 20er Jahre in gründerzeitlicher Manier. Die Deckengestaltung des eigentlichen Festsaales wurde in den 20er Jahren vollständig entfernt, die Stuckornamentik dem Zeitgeschmack gemäß verstärkt, die ursprüngliche Farbgebung von zurückhaltendem Silber / Weiß, Grün und warscheinlich weinroter Stofftapete durch Gold- und Gelbtöne ersetzt. In Spuren war noch der Verlauf eines über die gesamte Länge des Raumes schwingenden Ovals erkennbar. Das Holzpaneel und die Gestaltung der Pfeilervorlagen wurden fast unverändert in die zweite Fassung einbezogen. Ebenso erhalten blieb die Kastenstuckdecke im Vorraum mit den für Endell charakteristischen Fassungen der unverkleideten, zu seiner Zeit noch neuen elektrischen Glühlampen.
Nach 1945 erfolgte der Einbau einer Eisentür anstelle des Fensters zum Hof 2. Der Festsaal wurde als Lager für Elektro- und Sanitärersatzteile durch die Kommunale Wohnungsverwaltung fehlgenutzt. Im östlichen Vorraum des Festsaals sind die Stuckteile der Endellschen Gestaltung mit der integrierten Raumbeleuchtung überwiegend gut erhalten. Nach intensiver Untersuchung der erhaltenen Substanz entschied sich die Landesdenkmalschutzbehörde für die Rekonstruktion der späteren Gestaltung, da sie die erste weitenteils überdeckte. Die in der sanierungsrechtlichen Vereinbarung festgelegte Nutzung des Festsaales als kulturelles Kommunikations- und Informationszentrum für die Hackeschen Höfe und die Spandauer Vorstadt bedurfte einer funktional orientierten Wiederherstellung des Raumgefüges einschließlich eines Archivs im Keller darunter. Dafür erarbeiteten die Eigentümer der Höfe in Abstimmung mit der Denkmalschutzbehörde eine Gestaltungslösung, die die Rekonstruktion der historischen Fassungen mit modernen Nutzungserfordernissen zu verbinden sucht.

Befund und Neugestaltung

Um die kleinteilige Ansiedlung einer attraktiven Vielfalt von Gewerbetreibenden zu ermöglichen, mußten im Brunnenhof Eingangsbereiche neu geschaffen werden. Die Arbeit der Denkmalpfleger zielte darauf, das Bild der geschlossenen Fassade dadurch nicht zu verändern. Vom Architekturbüro Bohr und Sander wurden Eingangsbereiche entworfen, die wie die erhalte-

nen und weitestgehend aufgearbeiteten dreiteiligen Kastenfenster verglast sind und im unteren Segment mit historisch grün gestrichener Holzfüllung ausgeführt wurden. Im 2. Hof wurde diese Eingangsgestaltung modifiziert, da für die Architekturgalerie eine transparentere Eingangsgestaltung unabdingbar war. Weil hier öffentliche Nutzungsbereiche im Ergeschoß völlig neu geschaffen wurden, akzeptierte die Denkmalschutzbehörde, dies auch durch eine moderne Gestaltung kenntlich zu machen. Im Bereich der gegenüberliegenden Festsäle bestand sie allerdings darauf, die Endellschen Fenstergestaltungen des Kleinen Festsaals und des ehemals von orientalischen Elementen geprägten Restaurants zwischen 1. und 2. Hof beizubehalten. Die unter mehreren Farbschichten in einigen Treppenhäusern freigelegten Wandmalereien im Jugendstil werden im stark frequentierten Eingangsbereich vollständig aufgenommen und aus Kostengründen in den oberen Stockwerken in reduzierter Fassung fortgeführt.
Während der Sanierungs- und Ausbauarbeiten in den Höfen wurden zwei Entdeckungen gemacht. Hinter den zugemauerten Wandflächen zwischen den Pfeilern im Eingang von der Rosenthaler Straße fanden sich die ursprünglichen graublau geflammten Kacheln, auf denen noch Wahlplakate für den ersten Nachkriegsmagistrat klebten. Dieser Fund wurde in die Neugestaltung des Eingangsbereiches mit dem wiedererrichteten Tor und der Türöffnung ins Restaurant einbezogen. Beim Ausbau der Keller des Restaurants traf man auf die vollständig erhaltene Mechanik der versenkbaren Fenster zwischen ehemaligem Neumannschen Weinrestaurant und 1. Hof. Auch sie wurden von den Eigentümern mit einem zusätzlichen Kostenaufwand von 120 000 Mark wiederhergestellt.

DAS NEUE ANTLITZ DER HACKESCHEN HÖFE

Zu Beginn des Jahres 1994 luden die Eigentümer der Hackeschen Höfe zu einem Ideenwettbewerb für die Neugestaltung der Fassade zum Hackeschen Markt ein. Die ursprüngliche Stuckfassade war 1961 abgeschlagen worden und sollte heutigen denkmalpflegerischen Prinzipien entsprechend nicht rekonstruiert werden, zumal die Bauakten der Höfe im Krieg vernichtet worden sind.
Die Architekten Pysall und Ruge planten, die organisch geschwungenen Gestaltungen Endells zu einer modernen, lamellenartig transparenten Dachform weiterzuentwickeln. Auch die Schaufensterfunktion der Frontfassade für die Hackeschen Höfe wurde als zurückhaltende Projektionsfläche konsequent modern umgesetzt. Der Fassadenentwurf von Bernhard Leisering, einem im Viertel ansässigen Architekten, der schon die Restaurierung der Großen Synagoge begleitet hatte, knüpft an die überhöhte historische Eckbetonung an und prägt die ursprünglichen Fensterformen wieder aus, ohne in den überladenen Ausdruck der wilhelminischen Stuckfassade zurückzufallen. Die Architektengemeinschaft Bothe, Richter, Teherani entwarf eine sachliche Dachform als zeitgemäße Ergänzung des zurückhaltend gegliederten Fassadenbestandes. Für die Sieger im Wettbewerb, die Fabrik Nr. 40 Weiß & Partner, ist die Fassade mehr als eine Maske des Bauwerkes: Sie ist Portal zum Kommen und Gehen und Aufforderung zum Bleiben an diesem Ort der Kommunikation. Vorsichtig versucht sich die neue Gestaltung auf die ursprüngliche Fassadengliederung einzulassen und ihn in das Neue aufzunehmen. Wie Zitate aus dem Endellschen Hof wirken dabei die farbigen Gliederungspunkte, die im Gegensatz zum Stuck der Kaiserzeit die Lebendigkeit und Nutzungsvielfalt der Höfe weithin sichtbar machen. Mit der Fassade wurde auch das Dach mit Galerie ausgebaut. In das Geschäftshaus zum Hackeschen Markt zieht die Heinrich Böll-Stiftung mit ihrer Zentrale der kulturellen Bildungsarbeit für über 40 Länder.

GASTLICHKEIT MIT TRADITION IM SCHÖNSTEN HOF BERLINS

Café und Restaurant Hackescher Hof

Frühstück von 7 bis 15 Uhr mit aktuellen internationalen Zeitungen. Restaurantbetrieb ab 11 Uhr. Spezielles Mittagsmenü für Geschäftskunden aus dem Viertel. Torten und Gebäck aus eigener Konditorei. Und für alle, die es mit dem Berliner Nachtleben aufnehmen wollen, frisches Personal und eine Nachtkarte mit täglich wechselndem Angebot bis zwei Uhr morgens.

Der „Hackesche Hof" will tageszeitlich und räumlich Übergänge schaffen zwischen Bistro, Café, Speise- und Weinrestaurant. Er will der Gleichzeitigkeit verschiedener Bedürfnisse Rechnung tragen, wie sie typisch ist in der City einer Großstadt.

Sein Zeichen, das Ampelmännchen, steht für diese Betriebsamkeit. Um ihr einen entsprechenden Ruhepol entgegenzusetzen, knüpft das Team um Jörg Breburda, Uwe Reddig und Rainer Thal an gastronomische Erfahrungen der Zeit an, da Berlin Metropole wurde. Die Wiederherstellung der Tür zur Einfahrt in die Hackeschen Höfe und die wieder versenkbaren Fenster, die das ehemalige Neumannsche Weinrestaurant in den berühmten Jugendstilhof öffnen, machen das Café und Restaurant gleichsam zum Entree in den größten und schönsten Wohn-, Kultur- und Gewerbehofkomplex Berlins. Historische Elemente wie die Lichtgestaltungen Endells wurden im Innern aufgegriffen, mit den Wandmöbeln zeitgemäß weiterentwickelt oder als Rekonstruktionen zum Beispiel an der Kellertreppe kenntlich gemacht.

Damit hier bis zu 160 Gäste á la minute speisen können, wurde im Lichthof eine Küche für sechs Köche geschaffen. Insgesamt 25 Mitarbeiter sind im „Hackeschen Hof" in drei Schichten für die Gäste da. Neun Monate Ausbauzeit, intensives Ringen um jede Lösung und enormes Engagement vor allem des Architekten Reinhard Burger waren notwendig, um den Ansprüchen der Denkmalpflege sowie den technischen Normen gerecht zu werden.

Anàtre

Eine optische und lukullische Delikatesse besonderer Art ist das „Anàtre". Anspruchsvolle Feinkost im Vorbeigehen, ins Büro gebracht oder mit nach Hause genommen – hier treffen sich die Geschmäcker, hier geht die Zunge zu fairem Preis auf Entdeckungsfahrt (allein dieser französiche Ziegenbrie ...!), hier traut man sich Experimente (wer macht schon Ruccola-Pesto?!).

Die Besucher, oft genug auch die Mieter der Höfe, kehren oft auf ihrem eiligen Weg durch den 1. Hof spontan hier ein. Sie kommen in der freundlichen, ruhigen Atmosphäre des „Anàtre" zur Einkehr, bleiben an den schlichten Tischen und Regalen des Metallformers Arndt Pietzschak stehen und schauen, was sie genießen mögen.

Sie kommen zu sich – und zueinander. Nicht selten lassen sie sich dann für ihren privaten Plausch oder ihr angeregtes Geschäftsgespräch ein paar Schritte weiter im Café Aedes gleich richtig nieder.

l'oxymoron

Die jüngste gastronomische Schöpfung der Höfe ist das „l'oxymoron". Nur auf den ersten Blick erinnert die mondäne Einrichtung an die vielbeschworenen 20er Jahre mit ihren Tingeltangel-Restaurants. Dieser Grenzgänger zwischen Salon, Bar und Kleinkunstbühne ist eher eine besondere Berliner Blüte dessen, was in New York und Paris als Diners-Club mit anspruchsvollem, aber leichtverdaulichem Entertainment seit einiger Zeit die Gäste begeistert.

VOM FRÜHSTÜCKSTHEATER BIS ZUR MITTERNACHTSSHOW

Das Chamäleon Varieté

Seitdem im Februar 1991 der bunte Vorhang erstmals beiseite gezogen wurde, gilt das Chamäleon als Varieté des Entertainments und der artistischen Höhenflüge.

Eine Handvoll unverbesserlicher Enthusiasten, Varietéartisten und Musiker hatte den denkmalgeschützten Jugendstilsaal in den heruntergekommenen Hackeschen Höfen entdeckt, eigenhändig freigelegt und als Theaterraum hergerichtet. Damit war das Startsignal zur Wiederbelebung der Hackeschen Höfe gegeben, und mit der „Chamäleon-Show Nr. 1" wurde Berlins karge Varietélandschaft wieder zu neuem Leben erweckt.

Im Chamäleon Varieté wird nicht den 20er Jahren nachgejammert, wird nicht nostalgischer Staub aufgewirbelt, sondern traditionelles Varieté weiterentwickelt. Hier brechen die Lust am Staunen und der Reiz des längst Vergessenen ungehemmt durch. „Wir imitieren nicht die wilden 20er, wir sind Varieté der wilden 90er" – so könnte das Motto lauten. Denn im Chamäleon Varieté wird kein reines Nummernprogramm geboten, dessen einziges Bindeglied die Conférence ist, sondern eine Show, in der Varietéacts dramaturgisch in eine Handlung verwoben sind. Hier wird mit vielen Kunstformen experimentiert. So bunt und verwandlungsfähig, wie der Name des Tierchens schon andeutet, kommt auch das Programm des Chamäleons daher: Jonglage folgt auf Comedy, Luftakrobatik auf Artistik – stimmungsvoll, schrill und bestechend. In dieser kreativen Atmosphäre des Chamäleon Varieté hat Marcus Jeroch hat beispielsweise sein Literarité im aus der Taufe gehoben.

Die Programmstruktur des Chamäleon vermittelt dem Gast viele Facetten der Varietékultur: Dienstags bis sonntags bildet die mehrmals im Jahr wechselnde abendliche Varietéshow den Publikumsmagneten. In der Mitternachtsshow, jeden Freitag und Samstag, können Nachtschwärmer die Künstler des Hauses, aber auch andere in Berlin gastierende Artisten, Komiker, Akrobaten und Tänzer in einem bunten, wöchentlich wechselnden Spontanprogramm voller Überraschungen erleben. Der Beginn der Woche steht seit Anfang April 1993 Gastspielen der unterschiedlicher Genres wie Comedy, Tanz oder Improvisationstheater zur Verfügung. Zwei Highlights neueren Datums sind die Programmreihe „Jazz im Chamäleon" und das öffentliche Casting. Beim Casting erhält der Varieténachwuchs jeden ersten Samstag im Monat die Chance, sich vorzustellen und einen Auftritt in der mittlerweile legendären Mitternachtsshow zu gewinnen. So mancher international bekannte Varietékünstler hat seine Karriere im Chamäleon begonnen und fühlt sich noch heute eng mit dem Haus verbunden. Eine unverwechselbare, ansteckende Spielfreude, ein unkonventioneller Stil und das stimmungsvolle Ambiente des Jugendstilsaales sorgen so manchen Abend dafür, daß der Chamäleon Besucher nach der Show auf ein Bier mit dem Hauskomiker oder der Kontoristin an der Bar verweilt und die kleinen Geheimnisse der lange totgeglaubten Varietékunst zu erforschen sucht.

Marion Weitemeier

Das Hackesche HofTheater

Berlins erste Adresse für gestisches Theater und jiddische Musik ist zwar (mit 300 Quadratmetern) nicht sehr groß, doch es kann stolz darauf verweisen, daß hier mit bis zu 12 Vorstellungen pro Woche mehr gespielt wird als in so manchem hoch subventionierten Staatstheater. Das hieße freilich noch nichts, stünde hinter dem Hackeschen HofTheater nicht ein Konzept, das sich sehen lassen kann.

Eine Säule ist das gestische Theater – eines, wo Sprache nicht im Wege steht –, zumeist von der hauseigenen DAT-Gruppe geboten, wie sich das ehemalige Pantomimen-Ensemble des Deutschen Theaters heute nennt. Zunehmend melden sich Künstler, die der gute Ruf dieser Adresse lockt. Mimen aus der Schweiz, aus Prag und London ziehen diese Spielstätte bereits anderen vor, wenn sie in Berlin auftreten. Selbstverständlich

hat inzwischen alles, was in der vielfarbigen Mime-Szene Berlins Rang und Namen hat, hier Gastrecht.
Eine andere Säule ist die Reihe „Jiddische Musik am historischen Ort". Wenigstens zweimal pro Woche gibt es Konzerte. Wechselnde Gruppen treten auf und erschließen uns musikalisch, was hier einstmals lebendige Wirklichkeit war. Seit einiger Zeit steht auf dem Spielplan auch die Synthese beider künstlerischer Linien: Jiddisches Liedtheater wie Itzik Mangars Spiel von der Schöpfung – ein Theaterabend auf deutsch mit jiddischen Liedern. Allsonntäglich gibt es „Frühstückstheater": ab zehn gemütlich frühstücken und ab elf ein Stück für Kinder und für alle, die gern noch mal eines wären. Der Dienstag gehört der Literatur. Da kann es Lesungen geben, vorzugsweise aber Theater, das in ungewöhnlicher Form – beispielsweise als Hör-Theater – etwas zur Besonderheit dieser Kunstgattung hinzutut. Exklusivität für jedermann. Eben ein HofTheater.

Burkhart Seidemann

ALTE STADT UND NEUE MEDIEN

Spätestens mit der Weltwirtschaftskrise wurde das Viertel hinterm Alexanderplatz mit zahlreichen Kiezkinos ein Zentrum des neuen Massenmediums Film. Im ehemals unteren Neumannschen Festsaal zog 1920 der Filmpalast „Börse" ein, 1927 das Kino „Imperial" mit direkter Verbindung zum ebenfalls der Fortuna gehörenden „BIO" auf dem Nachbargrundstück. Durch Kriegs- und Nachkriegszeit flimmerte es hier, bis 1961 die Probebühne des DDR-Fernsehens Einzug hielt. Nach der Wende gab es zahlreiche Bemühungen um eine kommerziell erfolgversprechende Wiederbelebung der Kinotradition in der City Ost. Sie reichten von einer Kino-Alternative zur Bewerbung des Varieté Chamäleon um den unteren Festsaal 1990 bis zu den sieben Kandidaten für ein Programmkino in dem darüber befindlichen Doppelgeschoß, nachdem das so lange hier ansässige DDR-Folkloretanzensemble keinen neuen Träger fand. Durch statische und Baukoordinierungsprobleme verzögert, eröffneten 1996 stufenweise die vier Säle des „Hackesche Höfe-Filmtheaters", das mit seinem anspruchsvollen Programmkinokonzept eine wirtschaftlich tragfähige Alternative zum Abspielbetrieb der zahlreich in Berlin entstehenden Großkinos durchzusetzen versucht.
Die Nähe zu den künstlerischen Experimenten dieses Viertels, seiner sozialen und kulturellen Vielfalt und damit verbundenen Veränderungskraft suchen auch die produzierenden Medien. Neben zahlreichen Fernsehstudios, Zeitungs- und Zeitschriftenredaktionen sowie Verlagen im Umfeld hat deshalb in den ehemaligen Stockwerksfabriken der Hackeschen Höfe die „Mann im Mond Filmproduktion" ihr neues Domizil bezogen. Hier findet sie für ihre (noch) in Frankfurt oder Hamburg ansässigen Auftraggeber die Anregungen, um neue Wahrnehmungsmuster in Werbefilmen oder Musikvideos zu erproben und sich in preisgekrönten Kurzfilmen beispielsweise kritisch mit Medienklischees und Gewaltverherrlichung auseinanderzusetzen. Technologie und langjähriges Knowhow zur virtuellen Bearbeitung solchen Filmmaterials findet sich bei „BUND Media" unter dem Dach der Stockwerksfabrik. Von hier werden Internet-Live-Konferenzen ebenso in die Computernetze eingespeist wie sämtliche Informationen beispielsweise über die Berlinale. Von hier erfolgt aber auch die Vermittlung aller wichtigen Daten von Produzenten im digitalen Filmbereich; mit ihrer Hilfe können Regisseure, Bühnenbildner oder Komponisten einander weltweit finden und per Internet kooperieren.

KUNST UND ARCHITEKTUR - DIE HOFGALERIEN

Aedes East

Eine Architekturgalerie am Berührungspunkt von Regierungsviertel, künftiger City und Spandauer Vorstadt, dort wo Architektur gedacht und gezeichnet, geplant und gebaut wird, wo die Gegensätze von alt und neu, von Ost und West, von Großinvestoren und aufstrebenden Kleinstrukturen aufeinanderprallen. Neben den Ausstellungsräumen am Savignyplatz also „Aedes East" in den Hackeschen Höfen. Hier soll gestritten und gedacht werden, sollen Zeichnungen entstehen und Visionen Raum erhalten.

Im Café „Aedes" kann man sich von alldem erholen, und so manches Treffen im Nebenbei findet hier statt, manche wichtige Entscheidung wird hier ohne großes Pathos gefällt. Junge Architekten stoßen auf erfahrene, Passanten auf Studenten, Professoren auf Handwerker. Die Architekturgalerie „Aedes East" und das Café „Aedes" sind also keine Orte des elitären Gehabes, der autonomen Kunst, sondern solche des öffentlichen Lebens. *Kristin Feireiss*

artificium — Kunstbuch und Galerie

Den Brückenschlag zwischen Architektur, Kunst und Literatur in den Hackeschen Höfen leisten Heike Gronemann und Clemens Kröger in ihrem „artficium". Im Mittelpunkt ihrer Angebote steht die Kunst des 20. Jahrhunderts in ihrer ganzen Vielfalt. Sie wird erschlossen in den Bereichen Architektur und Design, Theater und Tanz, Fotografie und Film – und abgerundet durch Reproduktionen, Kunstpostkarten und Kataloge. In der geschichtlichen Abteilung nehmen den gößten Raum jüdische, preußische und deutsche Geschichte ein. Kunstgeschichtliche Schwerpunkte sind die Gründerzeit, der Jugendstil, das Theater in Berlin sowie die Geschichte von Fotografie und Film. Kunstinteressierte und Sammler werden auf dem Gebiet der Originalgrafik, vor allem zeitgenössischer Berliner Künstler, fündig. Als Kind der Galerie Rotunde will das „artificium" mit Ausstellungen (vor allem Fotografie und Plastik) und Lesungen ein Ort für direkte Kontakte zwischen Kunstproduzenten und Rezipienten sein. Nicht zuletzt ist „artificium" auch ein bestens sortierter Buchladen für Berlinliteratur und ein Forum für Verlagspräsentationen.

Galerie Kondeyne / Borgemeister

14 Jahre lang waren die Ausstellungen von Inga Kondeyne in der Galerie Rotunde des Alten Museums gleichsam das ungebrochene Rückgrad der Ostberliner Künstlerschaft: Christa Böhme, Lothar Böhme, Manfred Böttcher, Dieter Goltzsche, Wolfgang Leber, Klaus Ronspieß. Deren Stil wurde Mitte der 80er Jahre durch zunehmende Abstraktion im Werk von Joachim Böttcher und Volker Lammert aufgebrochen. Das Ausstellungsprogramm verband die Gegensätze der Künstlergenerationen in Ostberlin.

Mit der Neukonzipierung der Sammlungen auf der Museumsinsel mußte sich Inga Kondeyne nach einem neuen Standort umsehen. In dem seit der Wende zur Kunstmeile avancierten Viertel „Hinter den Museen" (so der Titel eines Tacheles-Projektes 1993) und hier im etwas etablierteren Brunnenhof des Areals am Hackeschen Markt scheint der richtige Raum gefunden.

Seit 1996 kontrastiert Inga Kondeyne ihr Ausstellungsprogramm in ständigem Wechsel mit dem des Kunsthistorikers und internationalen Kunsthändlers Rainer Borgemeister. Sein Konzept umfaßt die internationale Moderne seit Beginn des 20. Jahrhunderts bis zur aktuellen Kunst.

Galerie Leo.Coppi

Programmatisch hat die Galerie ihren ersten Kunstpflock eingeschlagen, als es im Sommer 1991 mit Bildern von Harald Metzkes und Skulpturen von Werner Stötzer losging und Heiner Müller die Laudatio hielt. Hier bekannte ein Kunstort sich rückhaltlos zum Malerischen, zum Sinnbildhaften, zum Figurativen. Wahrscheinlich haben Doris Leo und Helle Coppi recht,

wenn sie von einem „Drahtseilakt" ihres Programms sprechen – vom Figurativen zur Abstraktion durch Reduktion bis zur Auflösung des Gestaltzeichens Mensch.
Gewiß ist die „Galerie Leo.Coppi" ein Ort, der einer Kunst Raum gibt, die nicht jeder Mode hinterherjagt, die nicht jede intellektuelle Theorie illustriert. Hier ist Künstlern und Publikum ein Haltepunkt für Bilder und Skulpturen geboten, die auf einem langen Weg gewachsen sind. Kunst, die nicht das Sichtbare wiedergibt, sondern sichtbar macht. *Ingeborg Ruthe*

Galerie Arndt & Partner

Diese Galerie war 1995 als erster neuer Mieter auf die Baustelle der Hackeschen Höfe gezogen, um den Umbruchprozeß dieses Ortes bewußt mitzuerleben und mitzugestalten. Programmatisch begann die der internationalen Gegenwartskunst verpflichtete Arbeit von Matthias Arndt und seiner Partnerin Anna Lubinus mit einer Ausstellung von Fotos des bekannten Popmusikers David Byrne. Ende 1996 ist die Galerie in den inzwischen fertiggestellten „Kunsthof" gezogen und nutzt das ehemalige Trafohaus als „Übertragungsraum". Mit einem Prolog von Christian Boltansky begann hier unter dem Titel „Storytellers" eine – zunächst auf ein Jahr konzipierte – künstlerische Erzählung in acht Episoden, die sich mit der künstlerischen Darstellungsweise selbst auseinandersetzt.

Atelier Diepenbroick

Papier und Leim, das sind die wichtigsten Stoffe, mit denen Arndt von Diepenbroick seine dreidimensionalen Papiercollagen kreiert. Seit 15 Jahren ist dieses leichte Material sein Ausgangspunkt und Endprodukt. In den Hackeschen Höfen schöpft er seit 1991 aus dem vom festen Zustand befreiten Stoff Blatt für Blatt neue Formen – eine Elefantenhaut, flügelschwingende Drachenvögel, aber auch zartfüßige Prinzessinen ...

Simone Tippach-Schneider

KREATIVITÄT AUS DER MITTE - DAS DESIGNAREAL

Eine der am meisten im Planungsbeirat für die Hackeschen Höfe erörterten Fragen war die der Ansiedlung produzierenden Gewerbes, insbesondere in der Erdgeschoßzone der Wohnhöfe. Die Sicherung des Produktionsstandortes stand den Anforderungen der Wohnverträglichkeit und öffentlichen Nutzung gegenüber. Beim 40. Stadtforum zu kulturellen Entwicklungsfragen Berlins zeigte die Untersuchung der Hackeschen Höfe und ihres Umfeldes folgende Tendenz: Die kulturelle Nutzung der Freiräume in diesem sanierungsbedürftigen Altstadtviertel hat kreative Gewerbeentwicklungen (von Mode und Design über Grafik bis zu Werbung und Medien) hervorgebracht, die durchaus Innovationskraft für den Wirtschaftsstandort Berlin besitzen. Durch das Auslaufen kurzfristiger Mietverträge und Klärung der Eigentumsverhältnisse drohten solche Gewerbeentwicklungen verdrängt zu werden, bevor sie sich stabilisieren konnten. Mit „extract. Die Show. Mode aus der Mitte" präsentierten die Hackeschen Höfe erstmals die junge Designerszene in der Kunstmeile zwischen Alexanderplatz und Friedrichstraße. Durch die gezielte Ansiedlung zu günstigen Konditionen wurde der Trend zum kreativen Gewerbe gefördert und zugleich eine attraktive Profilierung vor allem der Erdgeschoßzone der Höfe erreicht.
Zum Hackeschen Hoffest im Sommer 1995 eröffneten im Brunnenhof mehrere neu geschaffene Läden programmatisch unter dem gemeinsamen Titel „Designareal". Dazu gehört das Atelier des „Kostümhauses" mit seinem kontrastreichen Programm vom zotteligen Pullover über verspielte Kleiderröcke bis zu sachlichen Hosenanzügen. Im „Schmuckwerk" von Sabine Dubbers kommt auf seine Kosten, wer Schlichtes bis Archaisches mag, an dem das Material selbst dominiert. In „Hanleys Hair Companie" bekommt man nicht nur eine, sondern garantiert seine persönliche Frisur und dazu die Totalentspannung durch Kopfmassage, ätherische Öle und Deborahs europaweit bekannte Freund-

lichkeit. Bei Angela Spieth und Michael Oehler kann man sich Naturform-Schuhe von witzig bunt bis klassisch, einzigartig und dabei bequem, eben „trippen" an die Füße messen lassen. Die vielschichtigen, ausdrucksstarken Kleider bei „Lisa D." sind mehr als nur Hülle; jedes ist eine einzigartige Variante zum Gesamtkunstwerk weiblicher Bekleidung. Ihre Aufsehen erregende Herbstmode-Inszenierung "Die Frau. Die Hülle. Der Fleck" im Kleinen Festsaal war bereits eine Gemeinschaftsproduktion des Designareals. 1996 zog auch das Atelier von „quasi moda" und die Werkstatt von „Lisa D." in die Hackeschen Höfe.
Programmatischen Abschluß fand diese Profilierung mit der Eröffnung von Präsentationsräumen für internationales (vor allem Mailänder) Möbeldesign im Geschäftsgebäude zum Hackeschen Markt. Die „daDriade" bietet nicht nur Musterberatung und Verkauf, sondern versteht sich auch als Vermittler von Knowhow und Kontakten im Bereich der Innenarchitektur und knüpft so in zeitgemäßer Form an die Ausstattungsfunktionen der Firma Treitel in den frühen Jahren der Hackeschen Höfe an.

NICHTS GEHT OHNE DAS HANDWERK

Die Sanierungsziele für die Spandauer Vorstadt sehen eine perspektivische Sicherung des produzierenden Gewerbes in diesem Viertel vor. Eigentümer und Bezirksamt waren sich von vornherein einig, alle wohnverträglichen Bestandsmieter durch günstige Konditionen in den Hackeschen Höfen zu halten. Der Kühlanlagenbau Dresden und ein Gußformhersteller wurden mit Hilfe des Amtes umgesetzt. Darüber hinaus wurde im Planungsbeirat der Hackeschen Höfe neben der Sicherung der vorhandenen Kultureinrichtungen zur Verbesserung der Gewerbestruktur die Neuvermietung von 300 Quadratmetern Fläche an produzierendes Gewerbe zu 15 Mark pro Quadratmeter vereinbart und dafür der Dachausbau des Geschäftshauses am Hackeschen Markt zugestanden. Gemeinsam suchte man nach solchen Nutzern, die ohne großen Lärm, Lagerflächen und Belieferung in das Neben- und Miteinander von Wohnen, Kultur und Gewerbe passen.

Der Elektrikermeister Manfred Bartsch

Er war nicht nur der einzige, der die marode Haustechnik bis zur Sanierung am Funktionieren hielt und der Energieversorgung auf die Sprünge half, wenn diese ihre Anschlüsse und Zähler suchte. Ohne ihn wäre auch die Erneuerung der Licht- und Kraftanlagen bei laufendem Betrieb, die Wohnungssanierung und der nutzerbezogene Ausbau der Gewerbeflächen undenkbar gewesen.

Der Drucker Helmut Anders

Er ist der dienstälteste Gewerbetreibende der Hackeschen Höfe. Er übernahm die hier seit 40 Jahren ansässige Druckerei 1977 und fand nach der Firmenschließung vieler früherer Auftraggeber – in Mitte ansässige DDR-Verlage und Institutionen – einen neuen Kundenstamm nicht zuletzt aus den vielen Kultureinrichtungen des Viertels und den sich mit der Sanierung ansiedelnden Dienstleistern. In den Höfen gibt es kaum ein Geschäftspapier, das nicht bei Helmut Anders gedruckt wurde. Vor allem arbeitet er hier mit NR Projektbetreuung, dem Büro für Marketing-Service, Öffentlichkeitsarbeit und Kulturprojekte in der Stadtentwicklung, dem HofTheater, dem Kino und der Galerie Aedes zusammen.

Die Bilderrahmenwerkstatt

Thomas Büchner und Norbert Petrasek haben vor über zehn Jahren in den Monbijoupark-Ateliers der Kunsthochschule angefangen, für Künstler und Studenten Rahmen nach Wunsch zu fertigen. 1989 wurde daraus ein professioneller Betrieb, und seit dem Einzug der ersten neuen Mieter arbeiten sie wieder hier, inmitten der Kunstmeile zwischen Tacheles und Volksbühne. In den Hackeschen Höfen statten sie nicht nur die Galerien aus, sie bieten auch die notwendigen Rahmen, wenn die hier ausgestellten Kunstwerke ihren Platz bei den Architekten, Rechtsanwälten oder Unternehmensberatern in den Hackeschen Höfen finden.

Die Fahrradstation

Sie setzt ein Signal, wie die Besucher das umliegende Altstadtviertel und Flächendenkmal aus vormotorisierter Zeit erkunden können, ohne dabei zu ermüden. Neben Stadtführungen per eigenem Rad oder auf Leihfahrrädern gibt es auch einen Rikscha-Taxiservice. Aber auch die Gewerbetreibenden des Viertels kommen mit Hilfe der Lieferfahrräder ohne Stau schneller zum Ziel. Kleinere Schäden – auch am privaten Rad – werden vor Ort beim Schnellreparaturservice behoben, größere in der nahen Werkstatt Gipsstraße.

Die Möbelrestaurierungswerkstatt „Gesprengter Giebel"

Mit seiner Werkstatt tritt Rainer Glenz gegen den nostalgischen Umgang mit alten Möbeln an. Er arbeitet sie auf und verkauft sie auf eigene Rechnung, übernimmt aber auch reizvolle Aufträge von Privatpersonen oder Museen. Dabei versucht er die Gebrauchsspuren dieser Zeugnisse der Alltagsgeschichte nicht zu kaschieren, ihre Eigenart nicht hinter glatter Perfektion zu verstecken. Mit seinem Standort stellt sich Rainer Glenz ganz bewußt in die Tradition der Spandauer Vorstadt. Seine Räume stellt er auch gern heutigen Aktionen aus den Höfen, wie der Ausstellungsinstallation zu Enrico Rastelli im Rahmen des 1. Comedy-Festivals, zur Verfügung.

SOPHIE AUS DER ASCHE - DER SOPHIENCLUB

Er ist die älteste Kultureinrichtung in den Hackeschen Höfen. Trotz normalerweise großem Partybetrieb feierte er sein 11jähriges Jubiläum nur im kleinsten Kreise und noch auf der Baustelle. Gegründet im November 1984, verfolgte der Club schon von Beginn an das Konzept, dem begierigen (damals noch Ost-) Publikum ein möglichst breites Musikspektrum zu bieten und Kommunikationspunkt zu sein. Nach den regelmäßigen Jazzkonzerten gab es Disko, und an der Bar kam man miteinander ins Gespräch - auch über die politische Lage. Als „Hort der Dissidenz" war der Club der DDR-Obrigkeit ein Dorn im Auge und sollte sogar geschlossen werden. Die Räume waren schon von Anfang an zu klein, um allen Interessierten Platz zu bieten. Wochenende für Wochenende stand eine große Menschentraube der Nichteingelassenen vor dem Eingang, nicht gerade zur Freude der Anwohner. Doch die „haßgeliebte Enge" produzierte auch ein Gemeinschaftsgefühl, das viel vom familiären Flair des Clubs ausmachte. Hier war der Szenetreffpunkt für Musiker aus Ost und West, hier fand manches „illegale" Konzert statt – unter dem Deckmantel einer kommunalen Jugendeinrichtung. Und es war die Adresse für Westtouristen, die Ostberliner Underground-Luft schnuppern wollten.

Nach der Wende wurde natürlich auch für die Clubmacher alles anders. Die staatliche Förderung derartiger Kulturarbeit fiel weg, und es mußte ein finanzielles Konzept zum Überleben des Clubs erarbeitet werden. Mit dem Bezirksamt Mitte wurde ein Fünfjahresplan zur Privatisierung vereinbart. Diese ist jetzt abgeschlossen. Das Haus ist nach dreijährigem Warten saniert und der Club um Kellerräume erweitert, in denen bei neuestem schallschutztechnischem Standard auch wieder Konzerte stattfinden können. Das neue Outfit kombiniert den Lifestyle der partyhungrigen Szene mit der altgewohnten Clubatmosphäre. Betreiber ist die Sophienclub Veranstaltungs GmbH in Zusammenarbeit mit dem Verein Freunde des Sophienclub e.V., der auch die Tanzprobenbühne Marameo im zweiten Obergeschoß des Hauses, eine Einrichtung des Kulturamtes Mitte, führt.

Die Möglichkeit zur räumlichen Erweiterung ergab sich im Sommer 1991, als die Verwaltung des „abgewickelten" Tanzensembles der DDR aus dem ersten und zweiten Obergeschoß des Hauses Sophienstraße 6 auszog. Im Januar 1992 eröffnete der Billardsalon mit seiner an einen englischen Herrenclub erinnernden Einrichtung. Er ist längst fester Anlaufpunkt für Könner, die in Turnieren regelmäßig ihren Meister küren, wie für Besucher der Höfe und aus dem Viertel, die aktive Unterhaltung in stimmiger Atmosphäre suchen. Dazu gehört nachmittags ganz selbstverständlich auch die Jugend der Umgebung. Bis März 1992 war auch die Tanzprobebühne Marameo mit großem Idealismus, Arbeitseinsatz und erfolgreich eingeworbenen öffentlichen Mitteln der Vereinsmitglieder ausgebaut wurden. Neben professionellem Tänzertraining und Tanzkursen für Kinder Amateure werden hier auch Produktionen der freien Tanzszene erarbeitet. *Anja Dau*

KUNST UND HANDWERK IN DER SOPHIENSTRASSE

Diese Aufschrift begegnet dem Besucher, der die Hackeschen Höfe in die Sophienstraße verläßt. Das fünfstöckige Geschäftshaus Sophienstraße 6 mit dem Sophienclub, der „Marketing-Service-Etage“ und dem Sprachausbildungszentrum des „Maison de France“ haben die Architekten schon 1906 in der Traufhöhe kaschiert. Durch drei zurückgesetzte Dachgeschosse fügt es sich scheinbar zweistöckig in die Handwerkergasse aus barocker Vorstadtzeit. 1848 wurde in dieser Straße gegenüber dem Sophienkirchhof der „Berliner Handwerkerverein“, die Keimzelle der deutschen Arbeiterbewegung, gegründet. Deren später von der SED übernommenes Symbol – die einander gereichten Hände – kann man noch an der ursprünglichen Fassade entdecken. Zur 750-Jahr-Feier Berlins war die Sophien- eine von zwei Ostberliner Altstadtstraßen, für deren Rekonstruktion die Mittel reichten. Die damals noch zentralistische Vermietung der Kommunalen Wohnungsverwaltung ermöglichte es aber auch, hier den Traditionen des Viertels gemäß alte Handwerke zu Mieten anzusiedeln, die diese erwirtschaften konnten.

Zu denjenigen, denen es nach der Wende gelang, dem Verdrängungsdruck umsatzstärkerer Gastronomie oder Dienstleistung standzuhalten, gehört die Töpferei von Eva Pintz ebenso wie ihre Nachbarin, die einzige Strohkünstlerin im Osten Deutschlands, Johanna Petzold. Nur wenige Schritte weiter trifft man auf Zinnfigurenguß und Antiquitäten sowie auf das Preußische Marionettentheater, in dem die Berliner Kindergeneration der 80er Jahre ihren ersten Opernbesuch in der Zauberflöte erleben konnte. In der Handweberei von Angela Bienroth-Gierke kann man sich Zimmervorhänge oder Stoffe nach individuellen Material- und Musterwünschen anfertigen und daneben im Modeatelier von Sylvia Heise auf den Leib messen lassen. Boris Schönherr führt das alte Handwerk des Flötenbaus ebenso weiter wie Herr Schulz das der Goldschmiedekunst. Ergänzt wird diese Mischung von den für das Leben im Viertel wichtigen Gewerken wie Bäcker, Friseur und Klempner. Diese Profilierung der Straße prägt auch wohltuend den persönlichen Charakter der Galerie Sophienedition im Hof der Nr. 23 und der Gaststätten – der wohnstubenartigen Restauration in Nr. 11 mit ihrer charmanten Wirtin Monika Bothe und dem „Sophieneck“ an der Großen Hamburger Straße.

Dort wie auch in der Sophienstraße versuchen einige Handwerker ihre Räume oder Häuser per Investitionsvorranggesetz selbst zu erwerben, um den Kreislauf von niedrigem Ausbaustandart und Angst vor einer nicht mehr zu erwirtschaftenden Mieterhöhung zu durchbrechen. Dieser für die einzelnen hoffentlich erfolgreiche Weg der Überlebenssicherung ersetzt allerdings nicht die fehlende kommunalpolitische Entwicklungskonzeption. Die entscheidende Überlebensfrage bleibt, wie einerseits Traditionelle Produktions- und Handwerksbetriebe in der künftigen Entwicklung des citynahen Viertels eine Perspektive finden können und wie die Lebensqualität und Versorgung der Bewohner mit ihrem täglichen Bedarf gesichert werden kann, wie aber gleichzeitig auch die enormen privaten Mittel für die Sanierung dieser Altstadt zwischen Alexanderplatz und Friedrichstraße durch maßvolle touristische Angebote und Ansiedlung ortsspezifischer kleinteiliger Unternehmen zu erwirtschaften sind.

EIN LABORATORIUM DER STADTENTWICKLUNG

Rede zur Einweihung der Gedenktafel an Jakob van Hoddis und die Gründung des expressionistischen NEUEN CLUB in den Hackeschen Höfen am 8. November 1994

Wir gedenken heute einer deutsch-jüdischen Intellektuellengruppe, die sich am Ende des Wilhelminismus in Berlin zur Gegenöffentlichkeit formierte. Sie brach gedanklich und literarisch mit den bestehenden Konventionen und fragte 20 Jahre vor Döblin nach positiven Lebenswerten im Moloch Großstadt. Sie gehört nach dem Naturalismus zu den ersten Keimen der Moderne in Deutschland. Ohne sie waren die vom Faschismus abgebrochenen und bis heute zum Teil unabgegoltenen alternativen Entwicklungen der 20er Jahre undenkbar.
Heute beschwört Berlin seinen Mythos von der lebendigen Metropole der goldenen 20er Jahre und verbraucht ihn sträflichst. Erinnert sei nur an die in die eigene Tasche gelogene Olympianominierung. Diese Selbstbeschwörung geschieht mangels realistischer Bestandsaufnahmen. Sie macht ein zeitgemäßes Anknüpfen am Anspruch statt an den Formen der 20er schwierig, und sie verhindert Entwürfe der Hauptstadt-WERDUNG inmitten von Europa an der Schwelle zum 3. Jahrtausend. Berlin kann keine Hauptstadt im klassischen Sinne wie Paris oder London werden. Vom Wirtschafts-, Handels-, Finanz-, Verwaltungs-, politischen und kulturellen Zentrum haben bestenfalls die letzten 3 Dimensionen ein Entwicklungschance in Berlin. 100 Kilometer östlich beginnt ein Wirtschaftsgebiet, in dem nicht nur die Löhne zehnmal geringer sind, sondern an seinem fernöstlichen Ende auch die Technisierung und der Managementstandard zumindest dem des deutschen Ostens entspricht. Der bundesdeutsche Föderalimus und europäische Regionalismus sind ohnehin und zurecht Gegentendenzen zu einem hauptstädtischen Zentralismus. Und was die mögliche Rolle Berlins als künftige Drehscheibe des Ost-West-Handels und als Dienstleistungsmetropole betrifft, so sind sich Vertreter von Wirtschaft und Politik mittlerweile darüber einig, daß an ihr noch sehr hart und kompetent gearbeitet werden muß.
Was also bleibt für die gleichermaßen undefinierte wie unentwickelte Metropole? Die mythisierende Rückwärtswendung in die goldenen 20er oder das beliebige und ebenso verantwortungslose anything goes der bunten 90er. Noch hat Berlin das Image der Chaotenstadt. Dazu gesellt sich immer mehr das einer chaotischen Megaplanung, die mit politischem Hin und Her auf zwangsläufig auftretende Probleme reagiert. Gegen dieses Image genügt es nicht zu behaupten, wie toll Berlin war, ist oder wieder wird. Vielmehr wäre es notwendig, öffentlich zu diskutieren und auszutesten, wie Berlin die Stadt werden kann, die es zu sein behauptet. Es gilt, Probleme nicht zu bemänteln, sondern zum Ausgangspunkt zukunftsweisender Lösungen zu machen. Voraussetzung ist, ein geistig kulturelles Klima zu schaffen, eine kritische Öffentlichkeit zu ermuntern, statt sie auf das Niveau sogenannter kritischer Rekonstruktionen der Vergangenheit zurechtzustutzen.
Die multikulturelle und polizentrale Struktur Berlins und sein Erneuerungsbedarf in nahezu allen Bereichen bieten die Möglichkeit, diese Stadt zu einem Laboratorium der Kreativität seiner Bewohner, zu einem Laboratorium des 21. Jahrhunderts zu machen.
Es ist im wahrsten Sinne notwendig, Frei-Räume zu schaffen, in denen neue Antworten auf die globalen Fragen von Ökologie, Wirtschaft, Migration und politischer Kultur gesucht werden. Und es gilt, diese Vielfalt zu einem für den Einzelnen überschaubaren, mitgestaltbaren Ganzen zu verbinden.
Die Gestaltung von Freiräumen für Vielfalt und Individualität in einem klar gegliederten Ganzen ist übrigens die Quintessenz der Philosophie von der „Schönheit der großen Stadt". Es scheint mir kein Zufall, daß sie ein Jahr vor Gründung des NEUEN CLUBS veröffentlicht wurde und ihr Verfasser August Endell zugleich Architekt der Festsäle und der Jugendstilfassade in den Hackeschen Höfen war, die – 500 Meter vom Stadt-

schloß entfernt – in eklatantem Gegensatz zum wilhelminischen Vorderhaus stand.
Jener Gedanke vom Freiraum für Vielfalt und Kreativität in einer anspruchsvollen Einheit ist auch Leitidee für die Hackeschen Höfe.
Sie zwingt zum täglichen Suchen nach der zeitgemäßen Form der Wiederbelebung einer lebendigen und wirtschaftlich tragfähigen Mischung von Wohnen, Kultur und Gewerbe.
Sie zwingt zur täglichen Auseinandersetzung mit den auch hier bestehenden Tendenzen zum postmodernen Disneyland. Und sie fordert ebenso eine Auseinandersetzung mit der eskalierenden Vermarktung von Zillemilieu und Scheunenviertelimage. Mit ihr wird schamlos verdrängt, daß nur 300 Meter von hier das jüdische Altersheim in der Großen Hamburger Straße von den Nazis als Sammellager für die Deportation von 54 000 zu Juden gestempelten Berlinern mißbraucht wurde. Die heute eingeweihte Gedenktafel für Jakob von Hoddis erinnert daher nicht nur an seine Mitbegründung des NEUEN CLUB, sondern auch an die Ermordung dieses als Asphaltliterat, Psychopath und Jude stigmatisierten Künstlers. Nur im Bewußtsein dieser latenten deutschen Geschichte kann die vielbeschworene Tradition der Berliner Toleranzmeile (mit dem jüdischen Friedhof neben der protestantischen Kirche gegenüber dem katholischen Hospital) für die Entwicklung Berlins zur deutschen Hauptstadt und multikulturellen Metropole fruchtbar gemacht werden – eine dringende Aufgabe angesichts von 600 000 osteuropäischen Zuzüglern in die Berliner Region in den kommenden Jahren.
Gerade hier am Hackeschen Markt, wo Regierungsviertel, Geschäftscity und ältestes erhaltenes innerstädtisches Wohngebiet aufeinandertreffen, stehen wir vor der Frage, ob ökonomische, soziale und kulturelle Umbruchsprozesse entweder zu Radikalisierungen und Konfrontationen zwischen den verschiedenen städtischen Funktionen und Interessengruppen in ihr führen oder ob sie unter direkter Beteiligung und Kooperation der Betroffenen gelöst werden. Auch für solche Einbeziehung von Wohn-, Kultur- und Gewerbemietern in eine ressortübergreifende kooperative Entwicklungsplanung können die Hackeschen Höfe Erfahrungen vorweisen, die Gewinn und Verlust, Vorbildhaftes und Reserven einschließen.
Wie sehr solche und andere Alternativen die öffentliche Diskussion und die politische Kultur der Hauptstadt begleiten und bestimmen, liegt in der Verantwortung der Intellektuellen und der Medien heute. Wie sehr sie dazu angeregt werden, ist nicht zuletzt eine Frage des geistig kulturellen Klimas und der Kulturpolitik dieser Stadt.
Ein Forum für diese Fragen zu schaffen, ist meines Erachtens die angemessene Form des Erinnerns an die Begründer des NEUEN CLUB und ich hoffe, daß der heutige Anlaß ein Auftakt für ein solches regelmäßiges Forum in den Hackeschen Höfen ist.

FOTO-ESSAY VON STEPHAN ERFURT

ROSENTHALER STRASSE
40/41
Hof I
VARIETE
FILMTHEATER
RESTAURANT
KLEINER FESTSAAL
FEINKOST
Hof II
ARCHITEKTURGALERIE
HOFTHEATER
KUNSTBUCH
CAFE
Hof III
GALERIEN
Hof IV
SCHUHDESIGN
DRUCKEREI
FRISEUR
ANTIQUARIAT
MODE
SCHMUCK
GALERIE
ANTIQUITÄTEN
Hof V
FOTOGRAF
MÖBELRESTAURATOR
Hof VI
GALERIE
SOPHIENCLUB
INSTITUT FRANÇAIS
BILLARDCLUB
Hof VII
BILDERRAHMUNG
FAHRRADWERKSTATT
Hof VIII
BILDHAUER
SCHNEIDERATELIER

DIE HACKESCHEN HÖFE
CHAMALEON VARIETE

KASSE

KUNSTBUCH
CHAMÄLEON VARIETE
ANTIQUITÄTEN
HACKESCHER HOF
DIE HACKESCHEN HÖFE
ALLES FÜR DEN RAUCHER
40/41

EOBAR

kinokasse

Zum Hof I

DRUCKEREI
trippen

ERS

FILMTHEATER

Zu den Höfen VI-VIII

KOSTÜMHAUS

Matisse
ages
Max

HOLLYWOOD
MODERNES WELT THEATER
Theaterarbei
Brechts
Theater Theater
ALTE DEUTSCHE LANDKARTEN UND STÄDTEANSICHTEN

KINA
LILLET
AU VIN BLANC DE LA GIRONDE

DRUCKEREI

LES HACKESCHE HÖFE

Particularité de son emplacement dans le vieux et le nouveau Berlin

Les Hackesche Höfe – c'est le plus grand complexe d'immeubles avec cours construits en enfilade, en Allemagne, un ensemble de commerces, de centres culturels et de résidences (9.000 m^2 au sol et 26.000 m^2 de surface utilitaire).

L'emplacement du Hackeschen Markt est exceptionnel dans le développement de la ville de Berlin.

C'est un point de contact pour:

- le quartier du Gouvernement avec l'université Humboldt et les lieux culturels représentatifs (comme l'île aux musées),
- les centres d'affaires, les commerces et les grands magasins de l' Alexanderplatz, de la Friedrichstrasse et d'autre part
- les quartiers résidentiels de la ville, dotés des plus vieilles structures et matériaux de construction existant, le faubourg de Spandau.

Le nom vient de l'époque où ce quartier de la vieille ville, a vu le jour devant la porte de Spandau, en dehors du mur d'enceinte construit après la guerre de 30 ans. C'est là, qu'eurent lieu les premiers développements sans aucune coordination de quartiers bourgeois, par contraste avec les anciens quartiers à cachet féodal de la Friedérich-Wilhelm Stadt (que l'on peut admirer tout autour de la Gendarmenmarkt). Des immeubles de deux, et plus tard, trois étages, de style baroque discret et bourgeois, ont commencé à croître le long des routes allant vers Spandau, Hambourg et Schönhausen. Puis s'établirent de petites industries traditionnelles (laiterie, pelleterie, vin). Une église protestante fut construite en 1712, près du vieux cimetière juif, et plus tard, en face, l'hôpital catholique. Cette tradition de tolérance est significative, car Berlin redevient de nouveau une métropole européenne multiculturelle.

L'industrialisation de Berlin, avec la construction de complexes résidentiels comportant jusqu'à 6 arrière immeubles avec cours, eut lieu en dehors de ce quartier. C'est seulement au début du 20ième siècle, lorsque Berlin devint une ville au sens moderne, que des logements municipaux se sont developpés à nouveau dans cet ancien faubourg. L'aménagement de la densité de ces zones près du centre ville, intègre ici l'activité traditionnelle et moderne. Le complexe des Hackeschen Höfe qui fut construit en 1906, est un bel exemple de ce mélange urbaniste, reconnaissable encore de nos jours.

Mélange architechtonique et fonctionnel du passé et de notre époque contemporaine

1. L'immeuble commercial d'Hackeschen Markt

Quand le complexe d'Hackeschen Höfe fut construit en 1906, l'immeuble commercial d'Hackeschen Höfe fut orné d'une façade décorée avec beaucoup de stuc, représentative du style Wilhem de l'époque - le palace impérial étant à 500 mètres -. Au rez-de-chaussée s'étendaient les boutiques et restaurants, jusqu'à l'immeuble de la première cour qui, dans un contraste moderne avec la façade principale, fut réalisé avec des carreaux de couleurs dans le style Art Nouveau par l'architecte August Endell. Il réalisa ici, sa philosophie de «la beauté des grandes villes» dans laquelle une grande variété d'hommes peuvent vivre et travailler conjointement, dans un art de vivre à prendre dans toute l'étendue de son sens.

2. Les salles des fêtes

Les salles des fêtes étaient utilisées à l'occasion de manifestations représentatives, de fêtes et de réunions. (C'est ici que fut fondé en 1908, le «Neue club», club expressionniste des jeunes intellectuels juifs-allemands, rendant public l'étroitesse d'esprit de l'empire. En 1927, la doyenne des habitants des Hackeschen Höfe a célébré son baccalauréat, dans la salle des fêtes de l'étage supérieur). Après la crise économique mondiale des années 20, les immeubles furent utilisées pour des manifestations plus modestes. La salle des fêtes du bas fut transformée en cinéma, tandis que celle de l'étage supérieur devint une cantine d'entreprise à deux niveaux, grâce à un étage en duplex. Cette cantine d'entreprise était destinée aux besoins du grand magasin de la chaîne Emil Köster AG, principal nouvel occupant de l'immeuble, qui en devint propriétaire en 1940. En 1995, furent reconstruits à grand frais, la façade de cette salle des fêtes dans le style d'Endell, (et par la même occasion l'étage en duplex de la cantine qui abrite maintenant un cinéma à thèmes de 2 étages), la restauration, dans le premier immeuble, du 4° étage détruit par les bombes, et la réparation d'autres dommages. La cause principale en était 60 ans de négligence et d'utilisation inappropriée, comme par exemple les anciennes manufactures en étage.

3. Les anciennes manufactures en étage

Les anciennes manufactures en étage, (contigu à l'ancien cimetière juif), les 2ième et 3ième immeubles de 5 étages aux surfaces respectives de 650m^2, servaient d'entrepôts pour le grand magasin de la chaîne d'Emil Köster. Au début du siècle, ces surfaces étaient occupées par les commerces traditionnels d'un quartier bourgeois, comme les chapeliers, les productions de textile ainsi que des industries modernes, comme la production de téléphone et les commerces de produits chimiques. Après la réunification et la cession des immeubles aux propriétaires, ceux-ci se sont réunis avec les représentants des comités des résidents, des activités culturelles et des petites entreprises du complexe des Hackeschen Höfe, afin de planifier ensemble le futur concept d'aménagement des espaces, dont un des points principaux du débat s'orientait sur l'utilisation actuelle de la surface des manufactures en étages. D'une part, les petites industries ne devaient pas être rejetées hors du centre ville et d'autre part, elles ne devaient pas être la source de dérangements pour les besoins gastronomiques et culturels des deux premiers immeubles et surtout pour les habitants des lieux.

4. Les résidences

Les 3ième jusqu'aux 8ième immeubles sont résidentiels. Ils sont composés de 80 appartements de haut de gamme. Au rez-de-chaussée, s'étendent d'un bout à l'autre, des surfaces commerciales. A l'origine, c'étaient principalement des prestations de services pour les bureaux de l'immeuble commercial, un atelier pour les meubles de bureaux et, pour les habitants du quartier, un électricien et un crémier. D'après le nouveau concept d'utilisation des surfaces, le rez-de-chaussée se divisera en petites surfaces abritants des galeries avec des ateliers et des studios, comme le salon de coiffure «Hanley's Hair Company», de nombreux couturiers, ou bien l'imprimerie d'Helmut Anders, où les îlots d'artisans de ces nombreuses galeries ont fait imprimer leurs invitations. Ce quartier d'immeubles à 2 ou 3 étages nous amène à l'Immeuble commercial de la Sophienstrasse.

5. L'Immeuble commercial de la Sophienstrasse

L'Immeuble commercial de la Sophienstrasse est composé de 5 étages. Il abrite un Jazz club, une discothèque, au-dessus, une salle de billard et un studio de répétitions pour les danseurs. Les bureaux du 3ième et 4ième étages sont en retrait sous le penthouse de construction récente, et malgré l'utilisation intensive des surfaces, ils restent à peine discernable depuis la Sophienstrasse, une des plus vieilles petites rues artisanales de Berlin. Après la chute du mur, c'est dans cet immeuble qu'ont commencé les réflexions sur le futur du complexe des Hackeschen Höfe, avec la création de la «Verein zur Förderung urbanen Lebens» (l'association pour le développement de la vie urbaine). Les organisateurs culturels et les artisans utilisent en partie les pièces inoccupées, et de ce fait, empêchent la progression négligente et insouciante d'une destruction des monuments historiques, et développent l'idée de la réanimation contemporaine par le mélange de résidences, d'artistes et de commerces.

La réanimation contemporaine par le mélange de résidences, d'artistes et de commerces

Après l'unification des deux états Allemands, les artistes ont été menacés d'être refoulés hors du centre ville, par l'explosion des prix des loyers commerciaux, et en même temps, la diminution des subventions pour la culture. Dans le complexe des Hackeschen Höfe, ils avaient l'idée de rendre le quartier attractif par un apport artistique et de multiples approches d'une authentique vie culturelle et sociale. Pour ce faire, les résidents et les artisans payèrent des loyers en dessous de la norme, subventionnés par les bureaux, prestations de services et ateliers de créations dans les immeubles commerciaux et les manufactures dans les étages récemment aménagés. En outre, les studios cinématographiques, les architectes, les ingénieurs de construction et les agences ont moins besoin de livraisons et d'entrepôts. Ils engendrent moins de bruit et autres sources de conflits, contrairement aux productions de divers matériaux, situées en centre ville comme autrefois. Sur ce point, nous espérons des activités différentes, l'atmosphère communicatif de l'aménagement de la culture citadine, tel que les théâtres de variétés, le théâtre de pantomime, des clubs de jazz et de danses, des restaurants pour un large public et par l'ouverture du rez-de-chaussée à de nombreux studios et ateliers de créations artistiques ainsi que des galeries.

La planification et l'assainissement coopératifs

Pour trouver et réaliser ce compromis d'intégration, de résidences, d'artisans et de petits commerces, il fut nécessaire de faire intervenir les groupes de ces différents intérêts ainsi que les autorités administratives responsables de tous les différents domaines concernés. Ensuite, il fallut promouvoir un lobby politique afin de développer l'idée d'une réanimation de la cohabitation des différents utilisateurs de ce centre ville, et pour sensibiliser l'opinion publique sur les Hackeschen Höfe et la vieille ville environnante par des publications, des expositions et des manifestations.

Les propriétaires et les investisseurs, travaillant en commun, doivent aussi être convaincus par des arguments économiques, de ne pas développer des galeries marchandes mais de maintenir le caractère urbain du complexe avec ses marques culturelles caractéristiques, comme attraction principale de ce quartier.

Durant toute l'année 94, fut élaboré un concept visant les rénovations et l'utilisation des espaces, afin de minimiser les conflits entre usagers et rechercher des compromis entre la protection des monuments historiques et l'utilisation moderne et intensive des surfaces (comme la création du penthouse dans l'immeuble commercial) et les conditions financières des loyers pour assurer la survie des artisans, des ateliers, et l'assurance d'une structure résidentielle hétérogène (afin que personne ne doit déménager suite à l'augmentation des loyers après rénovation). Il restait à trouver une solution aux problèmes de la circulation, la question d'un garage souterrain sous les deux premiers immeubles, l'apparence de la nouvelle porte d'entrée, les futures annonces publicitaires, etc.

Les risques et la complexité de ce projet sont bien illustrés par la reconstruction de la célèbre façade art nouveau d'Auguste Endell dans la première cour, l'emblème des Hackeschen Höfe. La façade devait être consolidée car elle n'adhérait plus aux murs. Les autorités de la protection des monuments historiques ne permirent pas d'enlever et de remplacer les briques hollandaises colorées. Par conséquent, un nouveau procédé a été développé, par lequel une grande brique de sécurité est placée dans le mur comme une cheville pour éviter que les carreaux colorés ne tombent pendant l'injection de mortier dans les fissures. A cause de telles imprévisibilités durant la planification de la reconstruction de la façade en style Art Nouveau, les coûts fluctuèrent entre 2 et 4.5 millions de DM. Le coût de la rénovation totale s'éleva à 60 millions de DM et devra se terminer début 1997, après seulement deux ans de travail de construction intensif, afin de mettre un terme aussi vite que possible aux dérangements causés aux résidents et aux entreprises qui continuèrent de fonctionner durant les travaux.

THE HACKESCHE HÖFE

A Landmark In The Old And New Berlin

The Hackesche Höfe (with 10,000 square metres ground area and 26,000 square metres exploitation area) are the biggest courtyard complex in Germany with a combination of business, culture, and housing.

The Hackescher Markt with the Hackesche Höfe is an important landmark in the development of Berlin. Here, a lot of things come together:

- the government district with Humboldt-University and main cultural institutions (opera, Museum Island)
- business, trade and shopping malls at Alexanderplatz and Friedrichstraße
- the oldest residential quarter of Berlin, where the original buildings and town structure still exist, the "Spandauer Vorstadt".

"Vorstadt" means suburb. The term derives from the time when the area was settled outside the old town wall, which was constructed after the 30 Years' War. Here, a rather uncoordinated bourgeois development took place as compared to the more noble district of Friedrich-Wilhelm-Stadt (which is located around the Gendarmenmarkt). Two and later three storied buildings (not counting the ground floor) in the modest bourgeois baroque style were built on both sides of the streets to Spandau, Hamburg, and Schönhausen. Traditional professions like dairies, furrier's shops, and vinedressers settled here. The protestant church was built in 1712 next to the older Jewish Cemetery, and later a catholic hospital was erected in front of it. This tradition of the so-called tolerance-mile is still important today, now that Berlin becomes (once more) a multicultural European metropolis.

The industrialisation with it's housing complexes and up to six courtyards left the area untouched.

Only in the beginning of the 20th century, when a modern downtown area started to grow, the former suburb also developed. All the traditional and modern functions of this area near the centre made a new whole. This urban mixture can be seen today especially in The Hackesche Höfe complex which was built in 1906.

The Architectural And Functional Mixture In The Past And Today

1. The Business Building of Hackescher Markt

When the complex Hackesche Höfe was built in 1906, the business building was provided with a representative front much decorated with stucco, because it was only 500 metres away from the castle of the German emperor.

On the ground floor there were shops and restaurants all the way into the first courtyard, which was created in modern contrast to the frontfacade by art-nouveau-architect August Endell. Here, he realised his philosophy of the "beauty of the big city", where a great variety of people can live and work together in a natural and comfortable way.

2. The Ballrooms

The ballrooms were used for representative dances, celebrations or meetings (for instance the expressionist "Neuer Club" of young Jewish-German intellectuals was founded here in 1908).

After the economic crisis of the twenties, the ballrooms were used more frequently by the lower middle class. The hall below was turned into a cinema, and the hall upstairs was divided into two floors and became the cafeteria for the new main-occupant and from 1940 on owner of the courtyards: a trust of 25 department stores called "Emil Köster AG".

In 1995, the old ballroom facade was reconstructed elaborately as it was designed by Endell (the upper ballroom stayed divided and houses a two-storied cinema). The damage done by a bomb on the fourth floor of the first courtyard was also repaired.

For 60 years, the complex was neglected and not used for it's original purposes, for example the department store trust used the factory building as a warehouse.

3. The Factory Building

The factory building is located in the second and third courtyard (next to the former Jewish Cemetery) on

5 floors, each with 650 square metres of production halls.

In the beginning of the century, traditional hatters, textile producers and so forth worked here, but but also modern goods were produced, like telephones and chemicals.

The modern use of the building was one of the major issues in the new conception of the Hackesche Höfe.

4. The Residential Buildings

The residential buildings with 80 comfortable flats stretch out from the third to the eighth yard. On the ground floor, there are only business spaces, originally most of all services for the offices in the courtyards, like a stampmaker and a workshop for office furniture, or services for the inhabitants like an electrician or a butter shop. Following the new concept, the ground floor is divided into many little spaces for galleries and workshops, e.g. for the hairdressing salon of Hanley's Hair Company, a lot of designers or the printer Helmut Anders, who produces all invitation cards for the galleries around.

5. The Business Building Sophienstrasse

The old business building leads into the actual inner suburb with its two or three floors-high buildings. It has five floors including the ground floor with a jazz club, a discotheque, and above a billard-salon and a dance studio. The office floors three and four have been built into the roof, so that they can't be seen from Sophienstrasse – one of the oldest preserved trade and crafts streets of Berlin.

Here, after the fall of the Wall, the "Verein zur Förderung urbanen Lebens Gesellschaft e.V." was founded, and the first thoughts about the future of the Hackeschen Höfe were exchanged. Cultural managers and artists moved into the devastated facilities. They prevented further destruction of the unique historical building, and created the idea of the revival of the synergy of housing, culture, and business.

Revival of the Synergy of Housing, Culture, and Business

After the reunification of Germany, the arts and culture in general suffered from increasing rents for all business spaces (including those used for cultural purposes) and at the same time decreasing subsidies. They envisioned to leave the centre of the city.

In the Hackeschen Höfe, they had the idea of making the location especially attractive for business and trade through a vivid cultural life and to give them an authentically urban feeling by their special kind and by the closeness to the life of socially and culturally very different people. Therefore, artists and tenants pay rents below average, subsidized by the firms in the business building and former factory area. These are for example film studios, architects and engineers, that don't need logistics or storing spaces, that don't produce noise or other disturbances for the flats like earlier occupants have.

At this crossroad of different urban functions, we hope to recreate the urban communicative atmosphere through cultural institutions (like the variety theatre, the pantomime theatre and the Jazz and dance clubs), with restaurants for a wide variety of people and by opening the ground floor for many different workshops, creative studios and galleries.

The Way of Cooperative Planning and Reconstruction

In ordcr to find and realise these compromises of integration of housing, culture and business, it took four years of mediation between the different social and functional interest groups and the responsible people in the administration. First, a political lobby for the idea of a revival of the tradtional combination of uses for urban spaces had to be found. The public had to be made sensitive to the problems of the Hackeschen Höfe and the quarter around it by publications, exhibitions, and events. The former owners and their investors had to be convinced with economic arguments not to develop a store passage here but to keep the courtyards' character with it's special cultural elements which should make it a magnet for visitors. The whole year of 1994 was needed to agree upon an acceptable concept of use and reconstruction, to find solutions for and compromises between the protection of the historical monument, the conditions for culture and little workshops and more intensive use in the business area (to fit out the roofs there), to save the social structure of the inhabitants (that nobody must leave because of the rents after reconstruction), the questions of traffic and underground garages, the design of the new entrances on the ground floor, the form of advertisement, and so on.

The risk and the difficulty of this project become evident with the reconstruction of Endells famous art-deco facade in the first courtyard: The facade had to be secured because it hung hollow in front of the building. To take off the coloured tiles was rejected by the office for protected heritage. A new method had to be invented to set a big brick like a peg deep into the wall every metre in order to prevent the tiles from coming off, while the binding agent was inject behind them through the joints.

Unforseen problems like this caused the budget-planning for the reconstruction of the art-nouveau-facade only to vary between 2 and 4,5 million marks. The entire reconstruction cost more than 60 million marks and was largely completed after only two years of intensiv work in 1997, without having had to close the courtyards.

DIE AUTOREN

Stephan Erfurt

Der 39jährige Westfale ist einer der meistgefragten Fotografen Deutschlands. Seine Arbeit für nahezu alle deutschen und viele internationale Zeitschriftenmagazine sowie Ausstellungen, Preise und Aufnahme in Sammlungen in New York, Cambridge, Köln und Paris haben ihn mit vielen Kollegen, Verlegern und Fachleuten zusammengeführt. Deshalb möchte er sein Atelier in den zentral gelegenen Höfen dieser „ästhetisch berstenden Stadt" nicht einfach als Dunkelkammer nutzen, sondern auch für kleinere Ausstellungen seiner aktuellen Arbeiten und nach Erweiterung auch für die aus seiner Sicht wichtigen Tendenzen im Medium Fotografie. Vor allem aber möchte Stephan Erfurt den Hof 5 auch zu einem Treffpunkt und Ort der Kommunikation in Berlin Tätige oder nach Berlin kommende Fotografen machen.

Rainer Blankenburg

Er ist ein Gesellschafter der NR Projektbetreuung, des in den Hackeschen Höfen ansässigen Büros für Marketing-Service, visuelle Kommunikation, Moderation und Öffentlichkeitsarbeit in der Stadtentwicklung. Nach dem Studium der Germanistik und Ästhetik-Geschichte war er während der Wende im Theaterverband der DDR tätig. 1990 und 1991 suchte er als Kulturamtsleiter des Bezirkes Berlin-Mitte die Existenzbedingungen für freie künstlerische Tätigkeit ebenso wie für kulturelle Freizeitaktivitäten zu sichern. Von 1992 bis 1996 arbeitete er mit gleichem Ziel innerhalb der Gesellschaft Hackesche Höfe e.V. und nach Firmengründung mit seinen Geschäftspartnern an der Sicherung des von äußeren Zuschüssen unabhängigen, in die Wohn- und Gewerbefunktion integrierten Kulturstandortes Hackesche Höfe. Seit 1994 ist er Vorstandsmitglied des Vereins zur Förderung urbanen Lebens, den er auch in der Betroffenenvertretung Spandauer Vorstadt als Sprecher für Kultur- und Gewerbefragen vertritt.

BILDTITEL